Colección:

MIS CUADERNOS DE PRÁCTICAS

Teje-Má

Libro 3

DESCUBRIENDO EL FUTURO

SUSI CALVO

DESCUBRIENDO EL FUTURO

Número de Control de la Biblioteca del Congreso de EE. UU.:   2012904399
ISBN: Tapa Blanda   978-1-4633-1741-6
                     Libro Electrónico   978-1-4633-1742-3

Este libro fue impreso en España.

Para pedidos de copias adicionales de este libro, por favor contactenos en:
Palibrio
1663 Liberty Drive
Suite 200
Bloomington, IN 47403
Llamadas desde España 900.866.949
Llamadas desde los EE.UU. 877.407.5847
Llamadas internacionales +1.812.671.9757
Fax: +1.812.355.1576
ventas@palibrio.com
399311

INDICE

TERCERA PARTE
"LA PREPARACIÓN"

ANEXO

DEDICATORIA

Este libro está dedicado a la Confederación Intergaláctica.

A todos aquellos que están en las naves y se preparan para venir a rescatarnos, si fuera necesario.

Valientes, decididos y sobre todo con mucha paciencia con respecto a la humanidad.

A los terrenos, los intra-terrenos...y los intra-marinos que nos están ayudando aunque no nos enteremos.

A los que son como nosotros, pero les ha tocado estar en política dirigiendo a la población.

A los servidores de la Luz, para que sigan adelante con pasión y seguridad.

¡No desfallezcáis!

AGRADECIMIENTOS

Tengo que agradecer a mi "cuerpo-base": Susi, por su tesón y su entrega dándole a la tecla día y noche para que estos cuadernos tengan un elemento físico de manifestación y salgan a la Luz.

Agradezco al Javi, porque ha colaborado dictándome los escritos que estaban en el cuaderno y así acelerar el proceso para que estén en el ordenador.

Agradezco a todo el equipo por ser tan simpáticos, atentos, divertidos y correcaminos como yo.

Teje-Ma

PRÓLOGO

Si hay algo a que tenerle miedo es al miedo.

Sentado con una esterilla en mi espalda y tras una sesión de Reiki que mi mujer Devi amorosamente me ha regalado, además de leerme los últimos párrafos del libro.
Ha sido una lectura muy amena para "este cuerpo base" jajaja, si no entiendes porqué me río ya lo entenderás tras sumergirte o "volar" con esta historia y visitar con tu imaginación o tu "elohim" diferentes seres habitando en diferentes dimensiones de éste u otros planetas.
Suena emocionante, ¿verdad?

Como estudiante y maestro del yoga ya había oído historias fascinantes de las escrituras védicas fechadas en hace mas de 4000 años, hablan sobre civilizaciones muy antiguas y no registradas en la documentación científica arqueológica moderna.
Algunos piensan que son mera mitología y que realmente no sucedieron, sin embargo los eruditos de la Vedanta o hinduismo, creen firmemente en su veracidad.

Dioses en la Tierra con formas de elefante o mono, poderes especiales que transcendían el tiempo y el espacio, las leyes naturales y físicas, tal como las conocemos ahora.
Se mencionan aves de metal escupiendo fuego y demonios dominando la Tierra vencidos por un dios-león.

Todo ello localizado hace miles y millones de años en la Tierra, lo que hace que nuestra mente no alcance a comprender ni siquiera la posibilidad de esas realidades, más aún cuando la arqueología solo alcanza a vislumbrar la civilización más antigua en el Valle del Indo, India, hace unos 10.000 años.

En todas las culturas y épocas se ha buscado un puente con el mundo invisible o no conocido de los cielos o las profundidades, Guru Nanak dijo:

"Nadie ha alcanzado a ver los límites de la creación, ni saber cuando ésta se originó".

"Ni estando en silencio o pensando puedes descubrir quién es Dios, el Creador o esa Fuerza Superior, ¿Cómo puedo saber? sintoniza con Su Voluntad Divina y camina en ella".

No se trata tanto de religión si o no, de creer o no, de ser o no ser, sino de experimentar aquello que nos da vida a todos por igual, que nos une y no divide, las naves del amor incondicional basado en el servicio a nuestros compañeros de grupo, la humanidad y la hermandad universal de seres. "¿Ser-es?"

El "Ser" o esencia como se denomina en el libro, que los conceptos o palabras no nos separen, se encuentra habitualmente y por diversas circunstancias separado de tu persona cargando una personalidad y diversos personajes, ¿Por qué? algunas ideas en forma de "cajas" traídas al nacer encontraras como respuesta en la lectura de este libro "¿fantástico?".

Ante el debate, la opinión y la discusión, suelo acordarme de la letra de una canción de un autor que suelo no recordar su nombre, "unos dicen que aquí y otros dicen que allá, y yo solo quiero cantar esta canción". También suelo recordar un chiste, pero este lo dejo por si alguna vez nos cruzamos en el camino..

Concluir resaltando la primera regla de uno de los planetas que presentan nuestros amigos personajes de carne o de Luz, "vive en alegría y con buen humor".

Disfruta la lectura de este libro, te aconsejo que te relajes, respires hondo mientras lees y déjate fluir como en un baile con tu compañer@, aunque pises o te pisen no pares, ¡atent@!

Con mucho cariño,

Kartar

!Ah! ¡Que la Fuerza te acompañe!

PRESENTACIÓN

"¿Estamos preparados?"

PABLO.- ¿No estáis un poco cansados **YA**, de "si viene" o "no viene" el fin del mundo?

ISABEL.- Si, ¡que pesadez!!!….

SUSI.- Yo ya hace tiempo que no me creo nada.

FABRI.- Pues, según los mayas… un cambio llega…
Lo que no sabemos…. es que tipo de cambio.

PABLO.- ¿Y tu que opinas, Susi? ¿Qué dicen "los de arriba"?.

SUSI.- Ya sabes que "los de arriba" hablan poco de este tema.
Ellos nos van observando y nos dan la guía para evolucionar.

KTD, nuestro instructor de Sirio, en sus clases no nos habla de este tema, solo trata la "Manifestación de la Presencia".
Este es su objetivo, dice que es lo más importante.

JAVI.- Si, ¡por mas que yo le quiero sonsacar, no hay maneras de que nos hable de lo que va a ocurrir!

LORENA.- Pero de eso se trata, de que nos preparemos.

SUSI.- Si, este es el objetivo, que sea lo que sea lo que ocurra y cuando ocurra, nosotros estemos preparados.

ISABEL.- Pero…. ¿no estamos preparados ya?

LORENA.- Pues yo creo que a mi aun me falta un punto.

TODOS A CORO.- Jajajajaja

JAVIER.- Pues.. yo te ayudo a conseguirlo, no te preocupes… jajajajaja

TITANIA.- Hola… ¿Qué estáis haciendo?.

PABLO.- Aquí, de reunión, hablando de los acontecimientos.

TITANIA.- Y.. ¿ya tenéis algo claro?…

PABLO.- Pues aun no, pero estamos en ello.

JAVIER.- Aprendiendo mucho.

ISABEL.- Charlando de las cosas de siempre.

Aquí hemos visto la típica charla de los "servidores de la Luz" que ya llevan más de 20 años de misión y ya son cuarentones o más, y algunos temen no poder llegar hasta el final con estos cuerpos físicos que ahora tienen.

(Así están las cosas)….
Jajajajaja…..

◊◊◊◊◊◊◊◊◊◊◊◊◊◊◊◊◊◊◊◊◊◊◊◊◊◊◊◊◊◊◊◊◊◊◊◊◊◊

PRIMERA PARTE

"LOS PROPIOS"

CAPÍTULO 1

"REUNIÓN"

Un grupo de elohims esta reunido, charlando entre ellos y observando la charla de sus cuerpos humanos....

Teje-Ma (Susi).- Oye, Taaron.

Taaron (Fabri).- Dime Teje-Ma.....

TM.- Parece que los vehículos mas densos, o sea los "cuerpos-base", los humanos, quiero decir, están inseguros, preocupados.

Taa.- Pues eso parece.

TM.- Oye... me ha gustado eso de "cuerpos-base".... Jejejejeje....

LUKENA (Pablo).- El mío esta a punto del infarto.

EPSA-EN (Isabel).- Pues al mío lo estoy entreteniendo, programando cursos de "auto-maquillaje"... enseño a las otras humanas a maquillarse.... Nos lo pasamos muy bien...

DEKAN-SEINA (Titania).- ¡Uy !,,, esto seguro que le gusta a mi cuerpo-base. Lo del maquillaje me interesa. ¿Cómo podemos hablarlo de humana a humana?….

EPSA-EN.- Pues…. Como tu y yo no lo hemos hablado abajo, en los cuerpos-base, yo no se que esto te interesa a ti, ni tu sabes, que yo lo hago.
Así que…. Tenemos que buscar un punto de enlace.

Por ejemplo, Susi, sabe las dos cosas, ella podría decírnoslo a las dos y a ver si así, entre nosotras nos entendemos.

Le diré a Teje-Ma que inspire a Susi para que sirva de enlace y nos lo cuente a las dos.

DEKAN-SEINA.- Bueno…. A mi no es que me interese hacer tu curso, sino saber como dar los míos, hacer algo parecido, porque mi cuerpo-base: Titania, necesita economía para subsistir.

EPSA-EN.- Bueno, veremos en que te puedo ayudar. Pero, sin el enlace lo veo difícil.

¤¤¤¤¤¤¤¤¤¤¤¤¤¤¤¤¤¤¤¤¤¤¤¤¤¤¤¤¤¤¤¤¤¤

Otro día, se vuelven a reunir los elohims:

Teje-Ma.- ¡Hoola…!!!!

LUKENA (Pablo).- ¡Que bien que llegaste…!!

Teje-Ma.- Es que mi cuerpo físico ha tardado en dormirse.

LUKENA.- Pero... ¿a ti que mas te da?....¡No tienes que estar todo el día y la noche enganchado a tu cuerpo-base!!!!...

Teje-Ma.- Si, pero.... es que me sabia mal dejarla sola. Además... ¿tu porque te metes? ¡Si no dejas ni un segundo a tu cuerpo de Pablo!!

TODOS A CORO.- jajajajajajaaaaaa

EPSA-EN.- Bueno... ¿para qué es la reunión?... ¿Qué objetivo tiene?...

Taaron.- Eso... eso...vamos al grano.

LUKENA.- La reunión es para hablar del futuro de nuestros cuerpos en la Tierra.

Cada vez están peor, más machacados y llenos de dudas.

Se van haciendo viejos, y ya están mas para allá que para acá.

Teje-Ma.- No seas tan pesimista ¡que tu tienes un cuerpo bien joven y guapo!

LUKENA.- Bueno,,, bueno....pero este verano ya estuve a punto de marchar, creo que tuve un amago de infarto.

LATUR (Javier).- Si, es cierto, yo estaba allí. Y era tremendo, la verdad.

Teje-Ma.- Entonces... ¿tú que propones?...

LUKENA.- A mi me gustaría que todo esto se acabara YA.

Que se activara todo y ya hiciéramos lo que venimos a hacer.

TODOS A CORO.- si si si si si si si si si….

Teje-Ma.- Pero… tú sabes que esto no depende de nosotros.

LUKENA.- Eso es lo malo.

EPSA-EN.- Bueno… ni malo, ni bueno…

LATUR.- Pero, ¿nosotros podemos hacer algo para cambiar las cosas?…

EPSA-EN.- A ver… ¡tantos ángeles y guías que tenemos alrededor y no hacen nada…!! ¿O que?.

Taaron.- ¡No os metáis con los ángeles y los guías!…

EPSA-EN.- No nos metemos, solo que ya estamos cansados de esperar.

SINAE (Lorena).- Pero… ¿alguien sabe como funciona esto?…

LAKUNA (Mireia).- Todo tiene un tiempo. Hay que tener paciencia y ya nos darán las órdenes concretas en el momento oportuno.

LUKENA.- Pero… mientras tanto ¡cada día mas viejos!!!!

EPSA-EN.- Tendrás que tomártelo con más calma…

LUKENA.- Calma… Que calma… Lo que pasa es que ya no seré útil.

Taaron.- Eso, cada día somos mas viejos.

DEKAN-SEINA.- Pues… ¡yo sigo siendo una linda flor!!

LITSÁ (María).- ¿Y yo que…?. Mi cuerpo-base ya tiene más de 70 años.
Tengo un montón de dudas. Ya os dije yo, que tenia que haber esperado más tiempo para nacer.

Teje-Ma.- Pero, si fuiste tu la que elegiste ser la primera… Pero… ¿no eres feliz?….

LITSÁ.- Hombre, pues me preocupan mis dientes, mis manos, ya no soy lo que era.

DEKAN-SEINA.- Pero… ¡si cada día estas mejor!!

LITSÁ.- Eso tu… que parece que los años no pasan por ti.

LOPKA (Jaime Seg).- Quizás deberíamos discutir menos e ir mas al grano.

AJU-NA (Varen).- Estoy de acuerdo.

ATURS (Niam).- ¿Y como llegamos a alguna conclusión?…

ANUKA (Chema).- Ya deberíamos tener alguna forma de llegar a ello… ¿no?…

LIT-TERA (Antea).- A mi, todo esto me pone muy nerviosa…

Cada uno solo mira sus propios problemas.

ABOT-TE (Antonia).- Deberíamos mirar algo global.

LOTSEA (La Mari).- ¿Podemos analizar la situación?...

LOS ANGELES DE ESE NIVEL:

Nosotros estamos aquí para ayudaros en lo que sea necesario y esté a nuestro alcance.
Estamos a vuestra disposición.

TODOS A CORO.- Graciassss...

ANUKA.- Algo habrá que hacer.

LUKENA.- Eso... a ver si adelantamos la tarea y la hacemos en tercera dimensión y no en la otra... Una vez muertos.

EPSA-EN.- Pero... ¡a ti que mas te da en una dimensión que en la otra!!!.

LAKUNA.- Lo importante es cumplir la misión.

AJU-NA.- Yo ya iría concretando.

LUKENA.- Y... ¿si llamamos a alguien para que nos asesore?.

Teje-Ma.- Yo estoy dispuesto... como siempre.

Taaron.- Seria interesante hablar con la Jerarquía Planetaria y con el Creador.

Teje-Ma.- Habrá que seguir un orden.

LATUR.- Pues primero con la Jerarquía Planetaria.

Teje-Ma.- Pero.. ¿a quien invocamos de la Jerarquía?.

LATUR.- A un Maestro Ascendido. Por ejemplo a Saint Germain. ¿Estáis todos de acuerdo?....

TODOS A CORO.... Si si si sisisisi....
A ver si nos aclaramos.

Teje-Ma.- Por favor, angelitos, dirigíos a Saint Germain en su Templo Sagrado e informarle que deseamos ser recibidos por el,,, o que venga a vernos.

Gracias por vuestra labor, maravillosos angelitos.

¤¤¤¤¤¤¤¤¤¤¤¤¤¤¤¤¤¤¤¤¤¤¤¤¤¤¤¤¤¤¤¤¤¤¤¤

Como ves he gastado un montón de saliva contándote todo ese rollo.
Si,,, ya se que parece una reunión humana normal,,, así de palizas,,,, jajajajaja... pero recuerda "Como es arriba, es abajo"....

Además todos querían salir en el libro... jajajajaja.... Querían ser los protas por un ratito.... Jajajajaja.... Por eso he ido poniendo sus nombres... es una manera de presentártelos...

También te tengo que contar que los elohims no charlamos de esta forma... unimos nuestras mentes y no hacen falta

palabras… claro, que ya te lo imaginabas… ¿verdad?….!que listo eres !!
¿Será porque tú también eres un elohim?…. Jajajajaja… ¡quien sabe…!!

Ahora vamos a ver que ocurre en esta visita… a ver si aclaramos cosas…

Aquí estamos parte de la panda, cuando fuimos a Medjugorje, en abril del 2011. Para que veas que somos muy trabajadores.

CAPÍTULO 2

"SAINT GERMAIN"

En los Templos de la "Llama Violeta".

Saint Germain.- Hola, queridos amigos. Sed bienvenidos.

TODOS A CORO.- Gracias.

Los elohims no podemos estar aquí en nuestro vehiculo elohímico, (por su frecuencia vibratoria) así que tenemos que venir con los vehículos astrales, los de cuarta dimensión.

S.G..- ¿A qué debo vuestra visita?.

Susi.- Estimado Maestro. Gracias por recibirnos.
Veras.... Ya sabes que nosotros somos elohims, seres creadores en cuerpos humanos.

S.G.- Si, eso ya lo se. Ya nos conocemos.

Susi.- Pues veras, algunos de nosotros, bueno... podría decir que la mayoría, ya nos vemos con cuerpos un poco cansados y algunos se consideran viejos.

S.G.- ¡Ah!... ¿si?...

Pablo.- Pues si...

VARIOS A CORO.- Si, si, si, si....

Susi.- Parece que nuestra generación ya debería estar en otro plano, o en otro planeta o... Tal vez, en otra dimensión.

Pablo.- Es que nuestros cuerpos parece que no van a aguantar la sacudida que viene.

S.G.- Claro, vosotros no habéis Ascendido y tomado un "cuerpo de Luz".... Y.. ¿eso, por qué?.

Si sois elohims, ya seria lógico.

Susi.- La información que tenemos es que nosotros ya hemos Ascendido varias veces y no es nuestro objetivo.

S.G.- No lo entiendo... Este es el objetivo de la humanidad.

Susi.- Si, pero no el nuestro. Los que estamos aquí presentes, hemos venido a la Tierra en misión del Creador y no podemos ascender porque de esta forma no podríamos ayudar a la humanidad.

S.G.- Pero... YO SOY un Maestro Ascendido y la estoy ayudando....

Susi.- Pues... No te creas.. Que lo entiendo muy bien, pero así es nuestro programa.
Nosotros por nuestra frecuencia vibratoria tan alta,,, ascenderíamos cada diez minutos...

Se oye una voz de fondo... ¡Que exagerada!...

Bueno, quiero decir... que nos es muy fácil... es mas fácil estar en una dimensión alta que en una frecuencia baja... por eso nuestro esfuerzo es el de permanecer en la Tierra y ayudar desde aquí... que los humanos nos vean y se sientan ayudados. Aconsejarles, apoyarles.
Y esas cosas....

S.G.- Muy bien, muy bien... y... ¿Cómo os puedo ayudar?

Susi.- Pues, la verdad, yo no sabría muy bien que decirte.

Isabel.- ¿No tienes algo que rejuvenezca los cuerpos?

S.G.- Ya sabéis que estoy investigando la genética humana a través de un vehiculo que tengo en la universidad.
Con ello investigo la forma de no envejecer tratada a través de la enzima telomerasa.
Pero, todavía no es aplicable.

Pablo,- Y ¿no podrías adelantarnos un poco de eso?

S.G..- jajajajaja... no creo. Todo tiene su tiempo.

Isabel.- ¡Que lastima!!!...

S.G.- Pero... vosotros tendréis supervisores, guías, no sé...
Alguien que tiene vuestro Plan.

Susi.- Si... claro... ¿Y si hablamos con quien tenga nuestro Plan?...

A CORO.... Si, si,... vamos... vamos...

Y mientras desfilan hacia la salida, van protestando y riendo.

Susi se queda a solas con el Maestro Ascendido.

Susi.- Gracias Saint Germain.

S.G.- Bueno, yo os aconsejaría hacer **DECRETOS**.

Por ejemplo **BORRANDO** los Decretos anteriores.

Susi.- ¿Y me puedes indicar como lo tenemos que hacer?. Te lo agradecería.

S.G.- Mira, hay que tener en cuenta que durante vidas y vidas le habéis dado muchas órdenes a vuestro organismo, tanto al físico como al emocional y al mental.

Un ejemplo: "Siempre voy a estar gorda".

Y el organismo sigue la orden…. Y siempre esta gorda.

A veces esta orden te sigue vidas y vidas.

Ahora seria oportuno hacer un **ANTI-DECRETO**.

Susi.- ¿Un anti-decreto?…. ¿Cómo seria eso?…

S.G.- Primero tienes que reflexionar cuales son las ordenes que te has dado.. Que decretos has hecho.

Susi.- No entiendo.

S.G.- Pues viendo el ejemplo anterior "Siempre voy a estar gorda"…

o uno mas común en nuestros días "Nunca me llega el dinero a fin de mes"…. O nunca seré rico….
Cuestión de reflexionar cual es la orden que te repites habitualmente.

El universo te escucha y sigue tus órdenes.

Si eso lo repites una y otra vez,…. Seguro que lo estas decretando,… dando esta orden.
Y tu cuerpo y el universo te obedecen.

Por lo tanto, es el momento de apretar la tecla **BORRAR**.

Te voy a dar la formula mágica:

Tú vas a escribir en tu libreta:

"YO SOY Susi, **BORRANDO**, todo DECRETO, efectuado en esta y en otras vidas que dice:

¡NUNCA TENDRE DINERO!! (Por ejemplo).

Lo BORRO, BORRADO… ¡B O R R A D O !!!!….

Fuera… Me libero… ¡Fuera…!!!!!….."

Puedes ayudarte limpiando con la mano.

Y ahora tienes que hacer el **DECRETO** que desees poner en su lugar:

"YO SOY SUSI… DECRETANDO…., que, a partir de este momento, en mi monedero siempre hay dinero en cuantía suficiente para mantener un ritmo de vida armónico y feliz.

Todo ello, en armonía con el universo, con permiso del Consejo Kármico y.. en cumplimiento del Plan Divino en la Tierra."

S.G.- Y cuando hagas eso,,, visualízalo.
Mira tu monedero siempre lleno del dinero que necesites, y la cuenta corriente con algún dinero extra.

O el cuerpo que te gustaría tener. Dale un modelo al universo.
El Decreto lo escribes y luego lo repites en voz alta varias veces.

Susi.- Gracias, Amado Maestro. Así lo haré.

Aquí estamos parte de la panda,
cuando fuimos a Medjugorje.
21-04-2011
También sabemos pasarlo muyyy bien.

CAPÍTULO 3

"EN TAVÉRNOLES"

Una vez solos Taaron y yo….

TM.- Oye Taaron.

Taa.- Dime Teje-Ma….

TM.- ¿No estas un poco cansado de tanta queja?…

Taa.- La verdad es que fluye el pesimismo entre todos nuestros amigos.

TM.- Parece que la gente no es feliz.

Taa.- Es que nuestros cuerpos están viejitos y muy cansados.

TM.- Pero … ¡si tu solo tienes 45 años!. ¡Tienes cuerda para rato!

Taa.- No te creas. Yo me siento viejo.

TM..- Esto te oigo decirlo desde que nos encontramos… y tenias 21 años.

Taa.- Es que así me siento.

TM.- Será porque has hecho muchas vidas aquí y en distintos planetas.
¿Te acuerdas como a los 20 años te ibas con un amigo a **DECRETAR** a las montañas?...

Taa.- Si, que bonita imagen.

TM.- Tu querías ver y hablar con los Maestros.

Taa.- Y entonces apareciste tu...

TM.- Si.
También recuerdo que en esa zona cercana al Pantano de Sau, en Osona, dejamos una nave oculta en alguna vida.
¿Por qué seria?...

Taa.- A lo mejor para usarla en los tiempos que vienen.

TM.- Puede ser, pero quizás esta oxidada de no usarla,... jajajajaja....

Taa.- A lo mejor habría que ir a ver como está.

TM.- Y... ¿Cómo lo podemos hacer?...

Taa.- Pues... astralmente... "en visión"....

Tú cierras los ojos y te desplazas allá.

TM.- Y ... ¿esto es fiable?...

Ya sabes tú que soy un tanto escéptico...

Me gusta tenerlo todo muy claro. Que no sean fantasías. Que luego me lío…. Jajajajaja

Taa.- Sobre todo por las decepciones que te llevas después.. Jajajajaja…

TM.- Si, claro. Me frustra mucho pensar que todo es una fantasía, una invención de mi mente.

¡No quiero eso!!!….

¡Solo hechos reales!….

Taa.- Recuerda que la fantasía existe porque hay una realidad y que la una lleva a la otra.

TM.- Bueno…. Vamos a ver la nave… ¿o que?…

Taa.- Si, claro… Vamos.

TM.- Tu ve guiándome, ¿de acuerdo?…

Taa.- Cierra los ojitos y sígueme.

Taa.- Visualiza las montañas de Tavérnoles. ¿Recuerdas la roca donde dijiste que allá estaba la nave?….

TM..- Si, claro.

Taa.- Pues imagínate delante de la roca.

TM.- Bien, aquí estoy.

Taa.- Ahora mírate y comprueba que estas en tu cuerpo solar, el de Ardaimba.

TM.- Oye… no me sale el cuerpo de Ardaimba, sino uno parecido al que tenia cuando estaba en Venus… ¿sirve?.

Taa.- Ahhh… Eso quiere decir que fue en esa etapa cuando dejamos esa nave ahí.
Vale… Seguimos.

TM.- ¡Con este cuerpo no puedo atravesar la roca!!!…

Taa.- Pues… habrás dejado alguna señal…. Alguna manera de abrir la puerta. Mira bien…. Que tú no dejas nada al azar.

TM.- Voy a poner la mano encima de un saliente de la roca… a ver que pasa.

Taa.- Eso, hazlo.

TM.- Presiono este saliente…

- Bsssss-
(Eso es de "efectos especiales" un sonido que nos dice que algo se esta moviendo…. Se entiende… ¿no?… jajajajaja)….
(¡Que no…!!! ¡Que no es una abeja…!!! jajajajaja)….

TM.- La roca se ha vuelto transparente.

Taa.- Adelante, busca la forma de entrar.

TM.- Parece una nave muy grande. Creo que la roca solo es la parte superior, pero sigue para abajo.

Se ha abierto una puerta y hay unas escaleras.

Taa.- Venga…. Baja… sigue adelante….

TM.- Pues, como te decía, la parte que era la roca, se ha transparentado y aparece una escalera.
La estoy bajando.
Veo indicadores en símbolos extraños, que no entiendo.
A ver…. Parece que poco a poco los voy entendiendo.

Taa.- Y ¿Qué dice?…

TM.- Habla de conciencias.
Dice que aquí hay 12 conciencias finitas y 4 infinitas.

Taa.- No entiendo.

TM.- Pues yo tampoco.
Voy a seguir andando por aquí.

Taa.- Si, eso. Sigue… sigue…

TM.- Cada vez hay más estancias, más amplias.
Parece una nave típica, pero muy grande, parece que llevaba a un montón de gente.

Taa.- Ves diciéndome lo que encuentras.

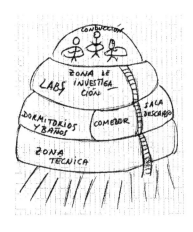

CAPÍTULO 4

"DERSA-OR"

TM.- Estoy en la nave.

Cada vez me parece más grande.
Y yo me veo como mujer, enfundada en un traje espacial,
alta, rubia, con una cola de caballo, como el cuerpo que
tenia en Venus.

Taa.- Ves entrando y curioseando.

TM.- Esta bien. Voy avanzando. Parece que hay 3 o 4 plantas.
Arriba esta la sala de mandos. Voy bajando y hay
laboratorios, un centro médico y de investigación.
¿Sigo bajando?...

Taa.- Si... sigue... sigue...
Primero lo revisamos todo.... ¿Te parece?...

TM.- Aquí veo un comedor y una sala.
Voy a investigar por este pasillo... A ver...
Aquí hay unas habitaciones, deben ser los dormitorios.
En cada puerta hay un símbolo, como si cada habitación
perteneciera a alguna persona.

Taa.- Y... ¿Cómo son los símbolos?...

TM.- Pues hay una colección de triángulos.

Los triángulos están en parejas y son distintos en cada puerta.

Voy a contar cuantas puertas hay...

Taa.- Si, si,... cuenta...

TM.- Hay 12 puertas con dos triángulos. Y luego hay otras 4 que solo tienen un triangulo.

Voy a ver si puedo entrar.

Taa.- eso, eso... Entra a ver que hay...

TM.- No se como se entra, no hay nada para hacerlo. Todo es liso.

Taa.- Prueba poniendo la mano en uno de los símbolos.

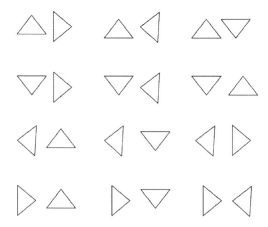

TM.- Vale…. Pero…. no pasa nada.

Taa.- Pues ves probando en otras, a ver si encontramos la forma de entrar.

TM.- A ver…. En esta…. No…. En esta…. Tampoco….
¡caramba!…

A ver… ¿poniendo la mano en esta?.

¡Uy!… ¡Aquí si me deja entrar!!!

¤¤¤¤¤¤¤¤¤¤¤¤¤¤¤¤¤¤¤¤¤¤¤¤¤¤¤¤¤¤¤¤¤¤¤¤

La puerta se abre. Ante sus ojos una habitación con una cama.
Una mesa y una silla. Unas puertas laterales (quizás son un armario, un baño,…)
Un gran ventanal, por el que solo se atisba la tierra de las profundidades.
Le explica a Taaron lo que ve.

¤¤¤¤¤¤¤¤¤¤¤¤¤¤¤¤¤¤¤¤¤¤¤¤¤¤¤¤¤¤¤¤¤¤¤¤

Taa.- Siéntate en la silla, a ver que pasa.

TM.- Encima de la mesa no hay nada.

Taa.- Bueno…. Tú siéntate a ver que pasa.

TM se sienta, e inmediatamente surge una imagen flotando encima de la mesa.

Parece el cuerpo venusino de TM.

TM.- ¡Anda!… ¡mira…!!… ¡Si soy yo!
Es como ver una muñeca. Como una especie de Barbie con cola de caballo.
Esta dando vueltas despacito.

Taa.- ¿Y que mas hace?…. ¿Te habla?…

TM.- Pues no…. Pero voy a hablarle yo.

Hola…

Inmediatamente la muñeca abre la boca y contesta…

Hola…

TM.- ¡Que sorpresa!!!…. ¿Y ahora que hago?…

Taa.- Dile algo…

TM.- Pues… Hola…. ¿Quién eres?…

A lo que la muñeca responde.

Yo soy tu.

TM.- jajajajaja… ¿Y ahora qué?….

Taa.- Pues… dile algo más….

TM.- Vale… pues…
Hola yo…
¿Cómo me llamo?

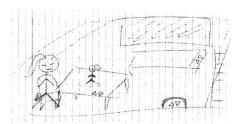

La muñeca responde:

Tú te llamas DERSA, y yo me llamo DERSA-OR

(OR – De ordenador…. ¿entiendes el juego de palabras?...
jajajajaja

Creo que en Latinoamérica le llamaríamos "computadora"
o algo así)

Taa.- Sigue preguntando.

TM.- Vale… vale… ¡Pero no se qué preguntarle!!!…

Taa.- ¿Cuál es tu función?

Dersa-Or.- Soy un ordenador personal tuyo.

Taa.- ¡Vaya!…. Pues si es tu ordenador personal tendrá los
datos que necesitemos averiguar. Vamos a preguntarle
cosas.

TM.- Eso… eso… ¿Y que le preguntamos?…

Dersa-Or se ha quedado inmóvil delante de TM esperando
sus preguntas.

Se hace el silencio. No sabemos que preguntar….
Jajajajaja…..

TM.- Gracias "Dersa-ordenador". ¿Qué tipo de información posees?…

DO.- La información correspondiente a: la nave, a la misión y la privada de DERSA.

TM.- Nos interesa información sobre la misión.

DO.- Y… ¿Qué quieres saber?…

Taa.- Pregúntale…. ¿Quiénes íbamos en esa nave?…

DO.- En la nave viajan 12 conciencias finitas y 4 infinitas.

TM.- ¡Vaya!…. ¿Y eso que quiere decir?…

DO.- Quiere decir que venían 12 personalidades reemplazables y 4 que no lo eran.

TM.- Bueno… bueno…. Eso de "reemplazables" me ha tocado la moral… jajajajaja…..
A ver… aclárame eso, por favor.

DO.- La nave tiene 4 personas fijas, que van con la nave.
Uno es quien la conduce, la dirige y se comunica con los superiores.
Otro es investigador de laboratorio.
El siguiente es medico.
El ultimo un militar.

El comandante y el militar conducen y saben la mecánica de la nave.
El investigador y el medico están en los laboratorios.

Las otras 12 personas son los que vienen a hacer la misión.

También se encargan de la intendencia, preparación de comida, limpieza, organización, búsqueda de muestras para el laboratorio, explorar, investigar, ayudar a los anteriores, etc…

TM.- Muy bien. Y tu… ¿a cual perteneces?…

DO.- A uno de los 12 reemplazables…

TM.- jajajajaja… ¡No utilices más ese término!!… ¡por favor…!! Jajajajaja

Y yo… ¿Qué hacia en la nave?…

DO.- Estabas en el tema de la "organización".

TM.- Vale. Muy bien.

Y… ¿Cuál era la misión?…

DO.- Esta nave, vino con otras dos naves, en un conjunto de tres, para investigar la posible habitabilidad del planeta.

TM.- ¿De donde venia la nave?

DO.- Viene de "Europa", una luna de Júpiter.

TM.- ¡Uy!…. ¡que sorpresa!…. Oye Taaron… ¿Y ahora que le pregunto?…

Taa.- Pues… pregúntale el por qué…

TM.- Oye Dersa-Or… ¿Y por qué vinimos 3 naves a investigar este planeta? ¿Qué paso en la luna de Júpiter?….

DO.- No entiendo tu pregunta.

TM.- Si, perdona. Vamos a ver… ¿Tu tienes conciencia de, en qué época estamos ahora, en este planeta?.

DO.- Estoy captando la frecuencia actual. Un momento………
Si, tengo conciencia.

TM.- Pues… viendo en que época estamos ahora… ¿Cuánto hace que llegamos en la nave aquí?…

DO.- Déjame que calcule…
85 millones de años.

TM.- ¡Cómo!!!…. ¡Cómo!!!… ¡Qué dices!!!… ¡Pero qué dices!!!…..
¡No puede ser!!!…

Has oído Taaron. ¡Lleva 85 millones de años aquí!……..

Claro…. Por eso lo recordaba solo "vagamente"… jajajajaja……..
¡Pues, no habremos hecho cosas, durante todos estos años!!!…

Me pierdo un poco en el "espacio-tiempo" humano.

¿Ya había dinosaurios?.. ¿o qué?…

Taa.- Pregúntale.

TM.- A ver Dersa-Or…… ¿En este planeta había dinosaurios cuando llegamos?…

DO.- Este planeta era un trozo de roca, conformado por muchos otros trozos. Se unieron, formando el planeta y nosotros vinimos varias veces con el objetivo de que fuera un lugar habitable.

TM.- Y, ¿Qué hicimos para conseguirlo?…Cuéntame como se desarrolló la misión.

DO.- En Europa, la luna de Júpiter habita un gran grupo de científicos "portadores de vida". Ellos enviaron las naves a explorar los mundos cercanos, para cumplir su misión de llevar vida por la Galaxia.

TM.- Muy bien… ¿Y que hicimos?… ¿Cómo funciona esto?…

DO.- Primero se envían naves a diferentes planetas, que podrían albergar vida.

Las naves traen la información y se toman decisiones.

Aquí, a este planeta se vino hace 85 millones de años para efectuar esta misión.

A tal fin, se trajeron semillas y formas arbóreas, sembrándolas donde podían fructificar.

Si no se trae primero la vegetación, no se debe traer otro tipo de vida.

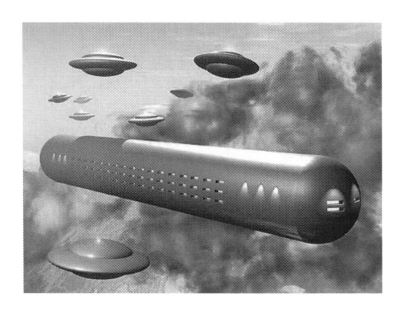

CAPÍTULO 5

"SEMBRANDO VIDA"

TM.- Bien... Entonces.... Venimos tres naves, en grupos de 12 + 4.
Y trajimos la vida vegetal al lugar. ¿Es eso?

DO.- Exactamente.

TM.- Y veníamos de una luna de Júpiter llamada Europa, que es donde habitan los científicos.

DO.- Si, exactamente.

TM.- ¿Y solo viven científicos allí?

DO.- No, claro.
Allí habita la Jerarquía del Sistema Solar.

TM.- Háblame un poco de esta Jerarquía.

DO.- Cuando surgió el Sistema Solar, hace muchísimos millones de años, se puso bajo la supervisión de las Pléyades.

La Jerarquía de Pléyades envió una delegación al Sistema Solar y la ubicó en IO, otra luna de Júpiter.

Poco a poco se hicieron habitables algunas lunas más, como Europa y Ganímedes. Y se repartieron entre ellas, habitándolas.

TM.- ¡Ah….!!!… Vale…vale….
Entonces… ¿Qué pasó?…

DO.- Aquí enlazamos con lo que te estaba contando.

Poco a poco el Sistema Solar se fue estabilizando y sus planetas se hicieron habitables por distintos tipos de civilización, según las condiciones del planeta.

TM.- Y… ¿entonces?…

DO.- Entonces se formaron equipos de investigación que viajaban desde diferentes dimensiones a los distintos planetas.
Aportando vida.

Este Sistema Solar ha sido una creación de una entidad.
Un Elohim en prácticas, supervisado por el Creador del Universo y la Jerarquía de Pléyades.

Este Elohim que ha creado el Sistema Solar es quien organiza que exista la vida y el donde, cuando y como.

Este Ser tiene su equipo, su estructura Jerárquica. Su base está actualmente en el Sol. Este es su "centro de los centros", ya no está en las lunas de Júpiter.

El ya creó planetas y lunas, y ahora le tocaba crear un Sistema Solar.

En la época actual habrá otros elohims que empleen planetas como Júpiter y Saturno como soles y creen su propio Sistema Solar en base a ello.

TM.- ¡Que interesante!!!…

¤ ¤

A Teje-Ma le salen chispitas de los ojos, pensando en crear su propio Sistema Solar… jejejejeje….

¤ ¤

TM.- Vale, entonces… Estamos en un Sistema Solar que ha creado un Elohim en prácticas.

Oye… ¡Y por eso salio tan mal!!!…

DO.- No te entiendo.

TM.- No me hagas caso… Es una broma…

Es que los humanos se pasan el día quejándose de cómo esta todo y siempre buscan un culpable….. Jajajajaja….

DO.- Yo no te entiendo muy bien.
Quizás, tú que eres un Elohim, podrías hablar con quien ha creado este Sistema Solar.

Seguro que contestaría mejor a tus preguntas sobre este tema.

TM.- Vale… vale… No nos vayamos del tema.

Concrétame más de la misión.

Vinimos hace 85 millones de años… y ¿como sigue este tema?

DO.- A este planeta ya has venido varias veces.

La primera para observar sus características. Si podía albergar vida vegetal.

La segunda para sembrarla… Una vez obtenido el consentimiento de la Jerarquía correspondiente.

La tercera para observar cómo se ha desarrollado y ver la posibilidad de traer vida biológica.

La cuarta, una vez obtenido el permiso, trasladar vida biológica simple.

TM.- Pero este es un trasiego de ir y venir que no veas….

¿Que no hay sistemas de comunicación mas avanzados?…

¡Menudos paseos!!!

DO.- Es que estas naves solo sirven para la exploración y la investigación.

Cuando hay que traer todo esto se viene en naves enormes. Naves nodriza.

Las naves de investigación también descienden de las naves nodriza.

Yo nunca he dicho que los viajes fueran a la sede central (Europa)...

TM.- ¡Ahhh ¡!!!..... jajajajaja....

O sea que los paseos son de la nave nodriza a la Tierra.

DO.- Exacto.

TM.- Vale... vale... vale...

Y entonces... ¿en las naves nodriza está todo este material?

DO.- Tienes que saber que estamos hablando de la tercera dimensión, de las cosas que se pueden ver y tocar como los cuerpos humanos.

Si esto hay que repartirlo por todo el planeta se necesitan múltiples naves nodriza.

Habitualmente se especializan en un tipo de material u otro.
Aunque algunas llevan de todo.

Aquí, en este planeta hay seres biológicos en tres unidades: tierra, agua y aire.

En cada uno de los elementos se fue depositando la vida y observando.

TM.- Oye... Pero con tantos millones de años, mi cuerpo estará requetemuerto.

DO.- Si, claro, el tuyo y el de todos los que vinieron en aquel tiempo.

TM.- Y entonces... ¿qué hacen estas naves aquí?...

DO.- Este es otro tema.

TM.- No entiendo nada... Explícate...

DO.- Esta nave, ahora forma parte de otra misión.

TM.- Otra.... ¿Y cual es?...

DO.- La misión se llama "Rescate".

TM.- ¿Rescate?.... Yo alucino....

DO.- Estas naves dejaron de ser útiles cuando ya se terminó la misión de exploración y dar vida en el Sistema Solar.

Ahora están ancladas en este planeta por si son necesarias para una evacuación de la humanidad.

TM.- Por favor... Explícate.....

DO.- Una vez terminada la misión, las miles de naves de exploración fueron enterradas en distintos lugares del planeta, a vuestro alcance, por si las necesitáis.

TM.- ¿Para qué las vamos a necesitar?....

DO.- Pueden existir acontecimientos que provoquen algún tipo de destrucción parcial o total de la vida planetaria.

Las naves solo están para una situación de emergencia.

Para poder salir en ellas.

TM.- ¿Y podemos sacar a los humanos?

DO.- Si se diera esta situación, lo ideal es que estén listas las naves nodriza. Si no, solo caben pocas personas y estas naves son pequeñas y de corto alcance.

De hecho estas naves exploradoras sirven para trasladarlos del planeta a la nave nodriza.

Pero, no te preocupes, porque todo va siguiendo un Plan.

TM.- Si, ya…… "El Plan"…..

En conclusión, que hay miles de naves por todo el planeta que se activaran si ocurre algo destructor. ¿No es así?….

DO.- Así es.

TM.- Gracias.

¤ ¤

Taa.- ¿Que te parece?…

TM.- Yo, estoy… (Abriendo los ojos)…… ¿Cómo es que no recordaba esa vida?…

Taa.- Es que tienes ya tantos datos en la cabeza.

TM.- jajajajaja…. Datos… datos…datos… datos… claro…. Jajajajaja

Oye.... Cuando lleguemos a las esferas, o sea a casa, llevaremos un montonazo de experiencias... jajajajaja

Taa.- Si, con tantos vehículos que hemos creado, ya tengo un jaleo y un desorden.

TM.- Claro... como el espacio-tiempo es diferente en cada lugar, ya nos despistamos.

Taa.- Si.. si...

TM.- jajajajaja

SEGUNDA PARTE

"LOS AJENOS"

CAPÍTULO 6

"EL PRESIDENT"

TM.- Taaron

Taa.- Dime Teje-Ma.

Quiero que mi vehículo más denso comprenda una serie de cosas.

Así que junto con sus ángeles he preparado algunas experiencias.

Taa.- Qué interesante. ¿Puedo participar?...

TM.- En alguna te he incluido... Ahora verás...

¤ ¤

Año 1988.

Susi esta trabajando como asistente social en un centro de jubilados perteneciente a la Generalitat de Catalunya.

De repente todos se ponen nerviosos.

Susi.- ¿Qué pasa?…

Julia.- Tenemos una visita sorpresa.

(Julia es la administradora del centro, "mi jefa").

Entran unos señores con traje, muy altos y fornidos, con gafas oscuras y un "pinganillo" en la oreja. Empiezan a buscar por todo el local.

¤¤¤¤¤¤¤¤¤¤¤¤¤¤¤¤¤¤¤¤¤¤¤¤¤¤¤¤¤¤¤¤¤¤¤¤¤

Este centro se ubica en Santa Coloma de Gramenet. (Barcelona-España).

Tiene dos plantas.

Abajo: la entrada con su recepción, gran sala de juegos y cafetería.

Arriba distintos despachos: administración, asistente social, médico, podólogo, peluquería, despacho del Presidente de la Junta de jubilados, sala de juntas y salas de actividades, etc.

Y… algo extraño está ocurriendo…

¤¤¤¤¤¤¤¤¤¤¤¤¤¤¤¤¤¤¤¤¤¤¤¤¤¤¤¤¤¤¤¤¤¤¤¤¤

Taa.- Pero… ¿Qué pasa?…

TM.- je je je… Tú mira,… ya verás…

¤ ¤

Se oyen unas sirenas y llega la policía motorizada y unos coches especiales detrás.

Todos paran ante la puerta. De los coches bajan más escoltas y luego abren la puerta de un coche oficial y aparece…

"EL PRESIDENT"…….

O sea, el Presidente de la Generalitat de Catalunya… el "honorable" Jordi Pujol.
El es quien hace una "visita sorpresa" al Hogar del Jubilado.

¤ ¤

TM.- ¡Sorpresa!!!!…

Taa.- ¡No me digas que has hecho venir al Presidente de la Generalitat…!!!….

TM.- je je je jeje…. Tu estate atento….

¤ ¤

Se forma un gran revuelo. La visita no estaba prevista y nadie sabe como reaccionar.

La "jefa" va de un lado a otro intentando recibirle con cortesía… moviéndose entre los escoltas y los jubilados.

Susi, no sabe donde colocarse, ni cual es su papel. Intenta mantenerse en un segundo plano, no entrometerse.

El President sube arriba y visita la sala de actividades donde las mujeres están haciendo labores.

Les sonríe y les pregunta lo que hacen y les dedica unas palabras.

Luego, baja a la sala de juegos y todos se reúnen para que les dedique unas palabras.

Susi, se pone en el círculo, a una prudente distancia del President para verle mejor. Esta intrigada por lo que ocurre.

El President pregunta a los jubilados como les va, que están haciendo y les explica cosas con sonrisa y amabilidad.

De pronto, sale del President una entidad y Susi se queda sorprendida.

Más aun cuando ve que sale de ella una entidad similar y se abrazan en el aire.

La forma en que sale la entidad parece una cabeza y unos brazos, y luego una continuación hasta el cuerpo físico visible.

¤¤¤¤¤¤¤¤¤¤¤¤¤¤¤¤¤¤¤¤¤¤¤¤¤¤¤¤¤¤¤¤¤¤¤

TM.- Voy a ver que piensa Susi.

Taa.- Eso... eso... a ver que dice...

¤¤¤¤¤¤¤¤¤¤¤¤¤¤¤¤¤¤¤¤¤¤¤¤¤¤¤¤¤¤¤¤¤¤

Susi.- ¿Esto qué es?... ¿Qué está pasando?... A lo mejor es que él y yo nos conocemos de otras vidas.

O... a lo mejor es un Elohim como yo....

¡Anda!... Pues igual hay muchos elohims en puestos de poder.

Habrá que pensarlo.

¤¤¤¤¤¤¤¤¤¤¤¤¤¤¤¤¤¤¤¤¤¤¤¤¤¤¤¤¤¤¤¤¤¤

Las entidades que han salido de los cuerpos físicos, regresan a ellos, como si nada hubiera pasado.

El President, sigue con su discurso.

Al poco rato vuelven a salir ambos vehículos y se vuelven a abrazar una segunda vez.

Después de este abrazo, regresan a sus "cuerpos-base" y enseguida se termina el discurso.

Susi se queda muy sorprendida, reflexionando en lo que ha pasado y el President se va con su séquito y sus sirenas funcionando.

Muchas cosas están ocurriendo entre 1987 y 1988.

¤¤¤¤¤¤¤¤¤¤¤¤¤¤¤¤¤¤¤¤¤¤¤¤¤¤¤¤¤¤¤¤¤

TM.- ¿Qué te parece?…

Taa.- Le has enseñado un vehiculo nuevo. Algo que ella no conocía aun.

TM.- Mira…. Ahora ya han pasado unos días y estamos charlando con un amigo tuyo.

Vamos allá otra vez…. Jajajajaja…

Que vaya descubriendo cositas…. Espero que no se me colapse con tanto conocimiento….

Taa.- Yo creo que esta preparada para asimilarlo.

TM.- Bueno... lo iremos viendo... ¿no?....

Aun le quedan unas cuantas cosas por conocer... je je jejejeje

Ya se ira enterando de cómo funciona el mundo "real"... que no es precisamente donde se mueve ella... Ja jajajajaja...

¤¤¤¤¤¤¤¤¤¤¤¤¤¤¤¤¤¤¤¤¤¤¤¤¤¤¤¤¤¤¤¤¤¤¤

Están Susi, Fabri y un amigo de el, en el salón de casa de Susi. Charlando.

De repente sale un vehiculo de Fabri y otro del amigo. Parecidos a los de Susi y el President.

Al igual que ellos, se abrazan a un metro de altura aproximadamente.

Susi reflexiona:

¡Ah!!!.... ¡Entonces esto es lo que ocurre en otra dimensión!!!!....

Nuestros cuerpos físicos se reúnen y otros cuerpos también lo hacen en otras dimensiones.

Cuando vas a una cafetería y te sientas a tomar algo, si hay otros vehículos conocidos, de otras dimensiones también se re-encuentran y se abrazan aunque los "cuerpos-base" no se conozcan entre si.

¡Que interesante!!!...

Por eso a veces voy a un sitio o a otro, y me encuentro con gente en otras dimensiones.

Pues anda... que si voy a un sitio donde hay mucha gente...

¡Que hartón de abrazos recibimos todos!!!...

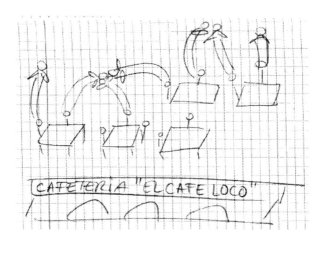

CAPÍTULO 7

"MONTSERRAT"

Taaron.- ¿Y ahora qué le vas a enseñar?…

Teje-Ma.- Le voy a presentar a unos amigos.

Taa.- ¡Ah, si!!…. ¿A quien?…

TM.- ¡Ya lo veras…!

¤ ¤

Fabri, Susi y unos amigos van a Montserrat. Año 1988.

Montserrat es el nombre de una montaña a las afueras de Barcelona, en España.

Al atardecer, bajan unas escaleras hasta llegar a la antigua ermita.

Dentro, una gran sensación de paz y tranquilidad.

Susi, está sentada en un banco, cuando de pronto, delante de ella aparece una cortina en otra dimensión.

La cortina se aparta y de repente se ve sentada en una vagoneta que tiene una cruz delante.

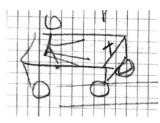

La vagoneta va por unos raíles y circula con suavidad pero rápidamente hasta que llega a una salida.

Allí se encuentra en una población.

Baja de la vagoneta y vienen a recibirla.

- Hola

Susi.- Hola (sorprendida).

La entidad que se ha acercado tiene forma humana.

Lo único diferente es que, mientras anda, da la sensación de que tiene varios duplicados de sí mismo, pegados a él.

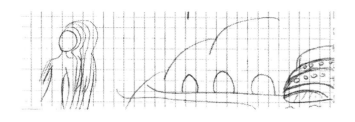

Esto es difícil de describir.

Cuando se mueve todos sus duplicados se mueven con el,,, Sinuosamente,.... Onduladamente...

Es un ser masculino. Se presenta.

- Hola, me llamo SICRA.

Nosotros vivimos en la ladera de la montaña. Te voy a enseñar el lugar.

¤ ¤

Taaron.- ¿Y éstos quienes son?

TM.- Unos amigos.

Taa.- Háblame de ellos.

TM.- Es una civilización muy avanzada que vive en el interior de la montaña. Aquí les llaman **intra-terrenos**.

Taa.- Pero... ¡Hay mucha luz aquí!!!...

¿Estamos dentro de la montaña?

TM.- Si, estamos dentro.

Ves luz porque en otras dimensiones el mundo es distinto.

Taa.- ¿Y como viven?

TM.- Viven en casas como los humanos. Pero son huecos de la montaña que han ido preparando hasta convertirlos en sus casas.

Mira… mira… La cara que pone Susi… jajajajaja

Esta intentando asimilar lo que le esta ocurriendo.

Taa.- Ahora le enseña una nave enorme que esta flotando en un lado.

TM.- Si, ellos se mueven con estas naves.

Cuando hay que desplazarse lejos, lo hacen en sus naves.

Taa.- Oye… ¿Y hay mas intra-terrenos de esos?

TM.- ¡Uy!!… Los hay en muchas montañas.

Por ejemplo en el Moncayo, en el Almanzor y ya no recuerdo más.

Taa.- ¿También en otros países?

TM.- Buenooooo…… ¡En muchísimos países!!!…

Mira…. Hay civilizaciones intra-terrenas y las hay sub-marinas.

Taa.- ¿Cómo submarinas?

TM.- Bueno…. Aquí tendríamos que hablar de dos conceptos diferentes.

Una la de los seres **intra-terrenos** y de los **intra-marinos**.

Y la otra, de los seres *de otros planetas* que también están en Bases tanto en las entrañas de la Tierra como en las montañas, y también en **Bases submarinas.**

Taa.- ¿Y toda esta gente qué hace?

TM.- Unos simplemente "viven" porque son civilizaciones que están aquí desde hace mucho tiempo y lo que les interesa es la propia evolución.

De los extraterrestres…. Hay variedad.

Unos son investigadores y científicos, los cuales estudian el planeta y la biología del mismo.

Otros ayudan a la humanidad tomando cuerpos "a ratos" y luego vuelven a la base.

Y otros están en "misión de rescate", por si tienen que llevarse a los humanos a otro lugar, si le ocurre algo al planeta.

Taa.- Por lo que dices, da la sensación de que cualquiera de ellos es más avanzado que la humanidad.

TM.- Pues si. Pero la humanidad esta en fase de evolución y su objetivo es llegar a la tecnología y a los avances que tiene la "Confederación Intergaláctica".

Taa.- Vaya… Pues ya vemos que la humanidad avanza rápido estos últimos años.

TM.- Si, claro. Pero el avance tecnológico tiene que ir acompañado del avance espiritual.

La humanidad tiene que crecer en todos los sentidos.

Tiene que fluir la energía por todo su Ser.

La tecnología sin el corazón, sin el Amor, está muy limitada en su avance.

Taa.- Si, claro.

TM.- Mira, ….Susi, ya se ha paseado por todo el recinto.

Sigue sin entender lo que pasa,… jajajajaja….

Lo importante es que se vaya quedando con la información de la existencia de estas civilizaciones.

En otros lugares intra-terrenos se especializan más.

Algunos son "sanadores" y llevan a la gente que se acerca a ellos al lugar de sanación.

Otros intra-terrenos son "instructores" y enseñan a los humanos cosas que les ayudan a evolucionar y sobre todo a comprenderse a sí mismos mucho mejor.

Taa.- ¿Y los intra-marinos?

TM.- Pues, de lógica, se ocupan de su propia evolución, aunque también ayudan a las especies marinas.

Taa.- Pues…. Ahora deben tener mucho trabajo… tal y como esta todo en el mundo del mar. De contaminación y todo esto.

TM.- Bien, este es su servicio.

Taa.- ¿Y éstos cómo reencarnan?

TM.- Pues lo hacen en su propia civilización. Aunque, si ya están listos para ayudar a otros, a veces reencarnan en civilizaciones más básicas y así les ayudan a crecer y a evolucionar.

Los intra-marinos también reencarnan en delfines, en otros peces o animales marinos, que ayudan a sus congéneres.

Taa.- Pues que complicado lo tiene la Jerarquía de este Planeta, con tanto que dirigir. Tantos mundos en uno. Y todo tiene que tener un orden.

Yo no se si sabría hacerlo....

TM.- No te preocupes, los seres que conforman la Jerarquía Planetaria que tienen la sede en Shamballa (si no la han cambiado de sitio.....jajajajaja). Son entidades muy preparadas y con grandes capacidades.

Tú los ves con tu punto de vista elohímico, y aunque tu frecuencia vibratoria es muy elevada, tu comprensión de todo esto todavía no lo alcanza totalmente.

Y eso es porque ésta no es tu tarea, simplemente.

Si no, tu mente seria capaz de comprenderlo.

Es decir:

1) No es tu tarea = No tienes porqué comprenderlo.

2) Es tu tarea = Tienes todas las herramientas y capacidad para poderlo entender.

¿Qué te parece?

Taa.- Que sabio es el universo.

TM.- Claro que si.

Taa.- Oye, aquí en Montserrat se descubrió una talla de una Virgen Negra. ¿Esto que tiene que ver?

TM.- Pues esta civilización intra-terrena parece que tiene su puerta de entrada donde se encontraron estas Vírgenes.

Así que.... Si hiciéramos un mapa donde se han ido encontrando estas Vírgenes Negras, sabríamos la red subterránea por donde va pasando.

Taa.- ¿Red subterránea?

TM.- Si, por debajo, la Tierra tiene muchas zonas huecas y calentitas donde han construido sus ciudades.

Y entre ciudad y ciudad hay toda una red, una trama de unión.

Taa.- ¿Y los intra-marinos?..

TM.- Pues ahí esta la cuestión, que la red pasa hasta por debajo del mar, comunicando las masas terrestres.

También de esta forma están comunicados.

Y ¿para eso sirven estas naves que tienen? ¿Para viajar por estas redes, por estas pistas interiores?

Ellos tienen salidas al exterior y a otras ciudades.

Taa.- Pero esta gente sale al exterior. ¿no?

TM.- Si, ya ves que son como los otros cuerpos-base humanos.
Así que pueden ayudarles sin armar demasiado alboroto.

Taa.- ¿Y los que no tienen Vírgenes Negras en la puerta?…

TM.- Pues tendrán otros símbolos que ellos conocen.

Taa.- Oye… Pues…. Qué interesante.

¤ ¤

Susi regresa a la vagoneta y vuelve a sentirse otra vez en su cuerpo, sentada en la pequeña capilla.

Aún sigue sorprendida por el descubrimiento de esta civilización, cuando la cortina vuelve a abrirse y recibe dos regalos etéricos.

CAPÍTULO 8

"LA CONFEDERACIÓN INTERGALÁCTICA"

Taa.- Oye Teje-Ma.

TM.- Dime Taaron.

Taa.- ¿Y que es esto de la "Confederación Intergaláctica"?

TM.- Pues es una organización que forman representantes de diferentes mundos habitados.

Taa.- ¿Y que mas me puedes contar?…

TM.- Vamos a ver.

La C.I. (acortemos el nombre, Jajajajaja) se organizó hace muchísimo tiempo.

Esta formada por hombres muy sabios de los diferentes mundos que se quisieron agrupar.

En un principio eran unos 30 o 33 mundos, pero a medida que ha pasado el tiempo se han ido incorporando mas, ahora son cientos.

Taa.- ¿Y la Tierra forma parte de esta C.I.?

TM.- De momento, los planetas que están en cuarentena no están dentro de la organización, aunque tienen contacto con ellos.

La Jerarquía de este planeta tiene conexión con ellos.

Taa.- Y ¿cual es su función?

TM.- La función de la C.I. es la protección y evolución de las civilizaciones que forman parte de ella.

Por ejemplo, ayudan a sus civilizaciones en el avance y evolución en todos los niveles necesarios.

También son contenedores. O sea, controlan que esta civilización avance uniformemente en los 4 campos: físico, emocional, mental y espiritual.

Controlan que los avances se hagan en forma uniforme basándose en 4 reglas:

1.- La alegría y el buen humor son fundamentales.

La gente debe ser feliz y hay que procurar un estado de felicidad por encima de todas las cosas.

De forma natural, claro. Nada de drogas o elementos artificiales.

2.- La gente se tienen que ayudar los unos a los otros.

La solidaridad, el trabajo en equipo y la cooperación son fundamentales.

3.- La supervivencia es primordial.

La vida es preciosa y se la debe proteger ante todo.

4.- La comunicación interna con tu Ser, con las entidades superiores y con el Creador, es básica.

Esta comunicación es la que te ayuda a comprender y a superar los obstáculos.

Taa.- Anda, pues no se si se parecen a las reglas de este planeta, jajajajaja…

TM.- ¿Por qué te crees que no pertenece a esta organización?

Si es que aquí en la Tierra, yo creo que alguna que otra regla está fallando.

Taa.- ¿Alguna que otra?…. jajajajaja

Si hago un repaso no le veo mucho parecido a las reglas humanas.

Oye…. ¿Y lo consiguen?…

¿Cumplen estas cuatro reglas básicas?….

TM.- Pues ellos si, claro que si.

Aunque la ventaja que tienen es que a los hombres sabios les hacen caso.

Y una gran ventaja es que comunican con su propia esencia.
Que tienen información al respecto.

Taa.- ¡Claro!!!…. ¡Esta es la diferencia!!!…

Aquí los cuerpos-base están incomunicados con nosotros.

¡Y hay tantas cosas que me gustaría contarle a mi cuerpo-base, Fabri!!!!….

TM.- Si, pero…. Hay otro punto.

Taa.- ¡Ah si!… ¿Cuál es?…

TM.- Pues que por algo estamos desconectados.

Fíjate los cuerpos-base que energías emiten: rabia, celos, envidia, egoísmo….
Hasta que no entremos en la siguiente dimensión esto no se superara.

Taa.- ¿Cómo?… ¡No te entiendo!!!!….

TM.- Mira…. Ahora los cuerpos-base son los físicos, los de tercera dimensión, los de carne y hueso, en fin….

Pero cuando la Tierra haga un cambio y los que están encima lo hagan con ella, este cuerpo que tiene una frecuencia vibratoria desaparecerá y en su lugar el cuerpo-base será el que ahora se considera el emocional.

Taa.- ¿Y entonces que?...

TM.- Pues los humanos ni se enteraran, porque el cuerpo de las emociones esta muy arraigado y creerán que es el físico.

Esto es porque el emocional es un calco del físico, pero vibrando en otra frecuencia.

Tiene que serlo porque las emociones se basan en las sensaciones y estas terminales nerviosas que lo producen están por todo el cuerpo físico.

Taa.- ¡Ah...!!. ¿Y entonces?

TM.- Pues cuando los cuerpos-base físicos pasen a ser cuerpos-base emocionales, algunas de estas frecuencias tienen que estar superadas.

Taa.- ¿Cómo?... ¿No entiendo?...

TM.- A ver....

Las emociones tienen una frecuencia vibratoria, ¿eso lo entiendes?

Taa.- Si, hasta aquí llego.

TM.- Vale, pues las emociones tienen la frecuencia mas densa o mas sutil, en la medida en que son mas elevadas.

Taa.- ¿Cómo?

TM.- Un ejemplo:

No tiene la misma frecuencia la rabia que la alegría.

Para la rabia, todo el cuerpo se tensa, entra en un estado de calor, los músculos de la cara te la ponen muy fea y desagradable, ¿lo entiendes?

Taa.- Si, si, recuerdo eso…

TM.- Vale, esa energía, a lo mejor la necesitas un momento dado para hacer algo para lo que se necesita un impulso.

Por eso tienes esa energía "la rabia", o el enfado, etc.

En cambio la alegría te relaja, te destensa, te llena. Te gusta sentirla.

¿No es así?….

Taa.- Si, claro.

TM.- Pues esta es la diferencia entre una frecuencia densa y otra sutil, en una te sientes compacto y pesado, y en la otra te sientes ligero como una pluma.

Taa.- Vale, pero ya me perdí.

TERCERA PARTE
"LA PREPARACIÓN"

CAPÍTULO 9

"LAS CAJAS"

¿Qué me estabas contando?... ¿Por donde empezó todo esto?...

TM.- Pues empezó viendo porque no estamos en la Confederación Intergaláctica.

Taa.- ¡Ah...!!!. Eso... eso....

¿Por qué?....

TM.- Pues precisamente porque estas frecuencias densas no las hemos trascendido.
Aun las sienten los humanos.

Así que tienen que pasar cosas para que "gasten" todas estas energías y se coloquen en la otra banda de la frecuencia vibratoria.

Taa.- ¿Y entonces que ocurrirá?

TM.- Pues lo primero es que empieza una conexión contigo mismo en tu "**estado superior de conciencia**".

Taa.- O sea que empiezas a conectarte con tu Ser…

O sea, ¿con nosotros?

¿El cuerpo-base se conecta con el cuerpo elohímico?…

TM.- ¡Uy!….. ¡Con nosotros todavía no!!!…. jajajajaja….

De momento consigo mismo en una parte mas elevada.

Taa.- A ver… explícate….

TM.- Primero empiezas a creer que hay algo superior.

Por ejemplo: Dios, La Virgen, los Ángeles.

Taa.- O sea lo ves como algo externo a ti.

TM.- Exacto.

Piensas que lo superior esta fuera.

Taa.- ¿Y entonces que haces con esta información?…

TM.- Pues rezas, pides, sientes la presencia de Fuerzas Espirituales, vas a tu iglesia.

Taa.- ¿Y eso en que religión? Por que… en la Tierra hay muchas.

TM.- Es igual. Lo importante es creer en una fuerza superior.

Taa.- Y con eso… ¿Qué consigues?….

TM.- Pues, en primer lugar tus angelitos estarán más contentos porque les haces más caso que antes.

Pones más atención a lo que ellos organizan.

Y ellos, los angelitos, se ponen muy… muy contentos.

Taa.- Claro. Ya me imagino.

¿Y luego?….

TM.- Una vez les has abierto la puerta ellos te van conduciendo y tu te dejas llevar.

Taa.- Eso debe ser un gran paso.

TM.- Buenooooo… Un paso enorme…

Taa.- ¿Y luego?

TM.- Pues los ángeles y los guías se encargan de que estés atento a un libro, a una revista, a un programa de televisión.

Algo que te ayude en tu evolución.

Taa.- Y con eso estas mas informado…

TM.- Si, con eso el cuerpo-base empieza a recibir información de la existencia de un mundo invisible y con ello la de que, es solo un cuerpo-base.

Taa.- ¿Y eso que tal lo llevan?

TM.- Pues, depende….

Hay quien lo entiende y quienes entran en crisis.

Taa.- ¿Y todo eso que tiene que ver con la rabia, la alegría y esas frecuencias?

TM.- Ah… si… Mira…

Cuando se encarna se traen cantidades energéticas para trabajar.

Taa.- A ver… explícate….

TM.- Pues…. A ver como te lo explico.

Imagínate que encarnar es un viaje del mundo invisible al mundo visible y tú vas del uno al otro con una serie de cajas.

Taa.- Vale… Me llevo unas cajas.

O sea que… ¿nace el bebe y la madre se encuentra con unas cajas al lado?

TM.- jajajajaja… Noooo….

Las cajas son invisibles. Pero van pegadas a ti. Donde tu vas, van las cajas.

Taa.- Bueno, vale, me llevo unas cajas invisibles.

Vale… ¿Y que hay dentro de las cajas?

TM.- Las cajas van etiquetadas y la etiqueta es de la energía que lleva dentro.

Por ejemplo: Una caja de envidia, otra de celos... otra de alegría... otra de felicidad.

Taa.- O sea que hay buenas y malas.

Oye... Y si solo me quedo las buenas, ¿qué pasa?

¿Por qué me tengo que traer también las malas?

TM.- Pues porque esto es el material que tienes para trabajar.
Hay quien se traerá poca envidia, pero mucho egoísmo, por ejemplo.

Taa.- ¿Y cómo se yo lo que mi cuerpo-base se ha traído para trabajar?

TM.- Pues mira.
Ves a Fabri allí abajo haciéndose un bocadillo de jamón.

Taa.- Si, lo veo.

Por cierto, el bocadillo debe estar delicioso... ¿eh?...

TM.- Vale... vale... Pues mírale bien.

Ahora piensa, ¿qué cualidades y qué defectos tiene, a lo largo de esta vida?.

Hazme una lista.

Taa.- Pues... Es egoísta, cabezón, tiene mucha labia... es diligente... nervioso.

TM.- Vale, vas confeccionando una lista. Muy bien...

Ahora esta lista la catalogas y lo que consideras un "defecto a trabajar" lo pones en un lado y las "cualidades" que tiene pero que se pueden mejorar, al otro.

Bueno, mira,… mejor haces dos listas: cualidades y defectos.

Y luego de cada una de ellas, separas lo que se puede mejorar (cualidades) o transformar (defectos).

Taa.- ¡Uy!!!…. pues un montón de tarea.

TM.- Cuando lo hayas hecho verás cuantas cajas has traído y que es lo que contienen.

Con estas cajas tienes que hacer lo siguiente:

Las de defectos:

Tienen que ir saliendo defectos, se tienen que ir transformando y pasando a las cajas de cualidades.

Taa.- Cuanta tarea.

TM.- Bueno, es la tarea que te toca hacer al encarnar.

Taa.- ¿Y esto como se hace?

TM.- Para eso están los guías.

Taa.- Los guías, los guías.

¿Pero no eran los angelitos los que te ayudaban?

Ya me estás liando.

TM.- A ver si nos entendemos.

Se llaman guías a todos los seres invisibles que te están apoyando, acompañando en esta encarnación.

Taa.- Aclárame esto porfis….

TM.- Pues los guías tanto pueden ser angelitos, como familiares fallecidos, como seres extraterrestres, como Maestros o Seres de la Jerarquía Planetaria.

Taa.- Cada vez entiendo menos.

TM.- Mira, los humanos "normales" tienen un angelito que les acompaña en la vida.

Los que van evolucionando tienen ángeles expertos en según que temas más específicos.

Es como los humanos, cuando van al cole, tienen una maestra y cuando van a la universidad, tienen especialistas en las diferentes materias. ¿Lo entiendes?

Taa.- Si, pero ¿qué pintan los extraterrestres y la Jerarquía y los fallecidos?

TM.- vale… vale….

A ver….

Los fallecidos son familiares o amigos que sienten que tienen el deber o la obligación de ayudarte.

Suelen ser las abuelas, esposos, familiares directos o amigos muy íntimos.

Taa.- ¿Y la gente nota su presencia?

TM.- Muchas veces lo sienten. A veces sienten que están allá puntualmente, para un objetivo concreto.

Para ayudarles en algo y luego se van.

Es una manera de que este familiar evolucione. Haga un servicio que a lo mejor le falta hacer.

Normalmente los fallecidos siguen su tránsito.

Taa.- ¡Uy!!!… Este es un tema que también me gustaría saber. ¿Qué pasa una vez muerto el cuerpo-base?

TM.- Pues luego te lo contaré. Ahora terminemos este tema.
¿Te parece?

Taa.- Si, claro. A ver…. ¿Y eso de los extraterrestres?

TM.- Pues, como ya sabes, en la Tierra hay muchos humanos que vienen de otros planetas y galaxias a terminar su proceso en la Tierra.

Pues, a veces, les acompañan gente de su planeta, que al estar en otra dimensión, tienen otra perspectiva y les pueden aconsejar o guiar.

Taa.- Vale. ¿Y los que tienen a la Jerarquía como guías?

TM.- Este caso no se suele dar habitualmente. Pero hay excepciones.

Los Maestros Ascendidos y otros Seres de la Jerarquía, normalmente, dan instrucción a los "seres descendentes". A los que vienen a ayudar.

Les indican la manera en que lo pueden hacer.

Cómo ayudar a los humanos.

Están en momentos puntuales.

O se llevan a la persona a sus Templos para instruirles.

A veces hay grupos de personas que viajan a los lugares de poder y allí es más fácil recibir instrucción, cuando el cuerpo está durmiendo.

Taa.- ¡Qué bonito!!!.…

TM.- Sí, pues Susi estuvo recibiendo instrucción del Maestro Kuthumi. Y ya ves que hay una gran amistad con Saint Germain.

Taa.- Si, es muy simpático y asequible.

TM.- Aquí vemos que hay amistad con unos Maestros determinados.

O con unos arcángeles determinados. Por ejemplo, mucha gente tiene afinidad con el Arcángel Miguel. Suelen ser los que tienen alma de guerrero y servidor de la Luz.

Taa.- Ya entendí.

Oye. ¿Y qué hago con mis cajas?...

TM.- jajajajaja...

(Te he puesto aquí una imagen de Saint Germain, que es un Maestro Ascendido. Trabaja el Rayo Violeta, el de transmutación).

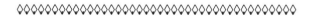

CAPÍTULO 10

"LIBERACIÓN DE DEFECTOS"

Taa.- ¿Y entonces vamos a formar parte de la C.I. o que?...

TM.- Ya te he dicho que primero hay que limpiar el trastero.

Algunas cajas tienen que estar transformadas.

Taa.- ¿Y por qué tenemos estas cajas?

TM.- Pues cuando hubo la rebelión empezamos a confeccionarlas, y no hemos parado hasta ahora.

Al no tener conexión, esto es lo que ha ocurrido.

Pero como ahora parece que van a reconectar el planeta, pues hay que darse prisa en quitarse las cajas de encima.

Taa.- ¿Y eso cómo se hace?...

TM.- Ya te dije que cada vez que sentimos estas energías nos transformamos, es como si no fuéramos nosotros mismos.

La gente dice… "no se lo que me ha pasado, pero de repente, me entró una rabia"….

Taa.- Si, si… eso, eso….

TM.- Pues así son las cosas al principio, muy emocionales y no se pueden evitar.

Pero…. A medida que evolucionamos, nos damos cuenta de las consecuencias que atraen los ataques de ira (por ejemplo) luego nos sentimos culpables y eso nos hace pensarlo dos veces la próxima vez.

Taa.- Pero…. ¿Y si te pasa muchas veces…. y no puedes evitarlo?

TM.- Va a llegar un momento en que vas a decir…

¡Basta ya!!!!….

Es el momento en que tomas conciencia de lo que está ocurriendo…

Y si "tomas conciencia" quiere decir que tu mente toma cartas en el asunto y empieza a "querer" tomar el control de las emociones.

Taa.- ¿Y entonces qué pasa?…

TM.- Pues cuando esto ocurre es porque ya te queda menos en la caja y se te da la oportunidad de transformar lo que aún te queda.

Taa.- ¿Cómo transformarlo?

TM.- Como interviene la mente, ésta piensa: "¿qué puedo hacer yo para no tener estos ataques de ira?"

Y después de la pregunta viene la búsqueda. Aparecen las ideas. Normalmente esta es la ocasión en que abres la puerta a que tus guías te ayuden.
Y ya empieza un camino diferente.

Taa.- Bueno, pues voy a intentarlo. ¿Cómo era la cosa?. Hacer una lista de defectos y cualidades. ¿no?

TM.- Si, yo te ayudo.
Dime defectos de Fabri.

Taa.- ¿Defectos?.... A ver.... Egoísta, Nervioso, Terco.

TM.- Vamos a hacer un ejercicio.
De momento, estos tres me sirven para lo que quiero hacer.

Ahora dime tres cualidades que quieras tener:

Taa.- Pues quiero ser: Cariñoso, Inteligente y Alegre.

TM.- Muy bien, ya tenemos tres cualidades que deseas tener.

Ahora te cuento el ejercicio.

Pero, recuerda que esto lo tiene que hacer tu cuerpo-base, o sea Fabri.

Taa.- Vale, pues ya se lo inspiraré.

TM.- Mira, le tienes que decir lo siguiente:

Que tome una libreta y un lápiz. Se haga una lista de defectos que quiere liberar y de cualidades que quiere incorporar.

Taa.- Mira… ahora que se acabó el bocadillo de jamón y está tranquilito le voy a inspirar…

Fabri… Fabri… Fabri… iiiii… ii…

Toma… aaa lápiz y papel y apunta….aaaa….

Vale, ya lo tenemos preparado.

Oye….que obediente es…. ¿verdad?….

Estoy orgulloso de mi cuerpo-base…. Je je je je….

Vale… seguimos.

TM.- Que haga la lista de defectos a liberar y cualidades a incorporar.

Taa.- Vale…. Ya está en marcha….

TM.- Pues que tome nota.

El ejercicio va a durar unos 35 ó 40 minutos.

¿Tiene tiempo?…

Taa.- Tiene la tarde libre, así que… nos ponemos a la tarea.

TM.- Dile que se ponga un reloj delante para medir el tiempo.

Taa.- Listo.

TM.- También velas, incienso…. Y esas cosas que se ponen los humanos.

Taa.- Muy bien. Todo listo: Libreta, Lápiz, Reloj, Incienso y Velas.

TM.- Empezamos por los tres defectos: Egoísta, Nervioso y Terco.

Dile que apunte esta frase:

"Yo me libero de………

Yo me libero".

Taa.- Apuntada.

TM.- Bien, pues empezamos por el "Egoísmo".

Ahora apunta:
"Yo me libero del Egoísmo…

Yo me libero".

Y durante cinco minutos, con las manos palmas arriba como cuando se invoca, va a ir repitiendo la frase.

Taa.- Mira… ya lo hace…

TM.- Uy… pero muy flojito.

El universo no le va a oír. Dile que lo haga en voz alta y con más fuerza.

Que se lo crea.

Que lo libere de verdad.

Con más fuerza.

Taa.- ¿Más fuerza aún?

TM.- Si, con toda la potencia.

Taa.- ¡Allá va!!!

TM.- Bueno, ahora que lo ha dicho bastantes veces con fuerza, que calle, que pare.

En silencio.

Taa.- ¡Uy!!… siente movimiento en todo el cuerpo. ¿Qué pasa?…

TM.- Pasa que estas energías empiezan a moverse y a disolverse poco a poco.

Taa.- ¡Ahhh!!!…

TM.- Dile que ahora siga, otra tanda con fuerza.

Taa.- ¡Allá vamos!!!…

TM.- Muy bien, otra parada para sentir….

Taa.- ¡Uy!!… ¡Cada vez se siente más movimiento!!!…

TM.- Ahora con las manos que masajee la zona donde siente para expulsar la energía restante.

¿Han pasado los cinco minutos?

Taa.- Todavía no.

TM.- Pues dale caña otra vez.

Hasta que pasen los cinco minutos.

Taa.- Ya pasaron.

TM.- Vale, pues ahora vamos con el segundo defecto y hacemos la misma operación.

Taa.- Y con el tercero.

TM.- Lo mismo.

Taa.- Vale, pues allá vamos.

TM.- Cuando termines me avisas.

Taa.- Muy bien.

¤¤¤¤¤¤¤¤¤¤¤¤¤¤¤¤¤¤¤¤¤¤¤¤¤¤¤¤¤¤¤¤¤¤

Taa.- Ya está…. ¿Ahora qué?….

TM.- Ahora vamos a las "cualidades a mejorar" o a adquirir.

Taa.- Son: Cariñoso, Inteligente y Alegre.

TM.- Bien, ya hemos utilizado 15 minutos. ¿no?…

Taa.- Si, 15.

TM.- Pues ahora vamos a usar los otros 15.-

Taa.- Cuéntame.

TM.- Mira… Dile que apunte la frase:

"Yo me abro a….

Yo me abro".

Taa.- Anotado.

TM.- Y ahora vamos a aplicarla.

Taa.- Muy bien.

TM.- Apunta:

"Yo me abro a ser cariñoso,

Yo me abro".

Y lo va a decir también con las palmas hacia arriba.

Y con la mirada hacia arriba en vez de recto.

Y con fuerza.

Taa.- ¡Allá vamos!!

TM.- Muy bien. Durante 5 minutos, con las pausas.

Como hicimos antes.

Taa.- ¡Ya se empiezan a mover cosas!.

TM.- Las pausas son para asimilar la energía.

Taa.- Ya lo ha repetido durante 5 minutos con sus pausas para asimilar.

TM.- Perfecto. Ahora lo mismo con las otras 2 cualidades.

Taa.- Muy bien.

¤ ¤

Taa.- Listo. 15 minutos liberando defectos y otros 15 incorporando cualidades.

Y ahora… ¿qué sigue?… ¿Para que son los otros 5 ó 10 minutos?…

TM.- Muy bien.

Con todo esto hemos revolucionado los cuerpos energéticos.

Ahora tenemos que poner calma y paz.

Y también tapar los agujeros por donde ha salido todo esto.

Taa.- ¿Por qué?.

TM.- Pues porque al remover las energías aparecen inseguridades y éstas hacen que pidamos que regresen estas fuerzas.

Sentimos que nos falta algo, que estamos incompletos.

Taa.- Como si tuviéramos agujeros.

TM.- Si… Por eso los vamos a llenar de Luz Dorada.

Toma nota de esta frase:

"Invoco al Rayo Dorado, para llenar de su Luz y su energía todo mi cuerpo".

Taa.- ¿Y así se llena de energía?

TM.- Si, pero dile que mande la energía con más fuerza, a la zona donde sintió que había movimiento.

Taa.- Vale… vale….

TM.- Y cuando haya dicho la frase que ponga música y que se relaje.

Que visualice cómo entra Luz Dorada por todo su cuerpo.

Taa.- ¡Qué bonito!!!…. ¡Cómo me gusta!!!….

Oye, tengo una pregunta. Mientras Fabri hace esto te lo voy a preguntar.

TM.- Dime…

Taa.- Mira… Cuando Fabri hacía lo de "liberación de defectos" le venían pensamientos de que ese defecto tenía su origen en otro.

TM.- Muy bien. En este caso que tome nota y en otra ocasión libera este defecto-raíz.

Pero ahora, que se dedique al que ha escogido.

Taa.- Muy bien. ¿Y esto cómo funciona?...

¿Tiene que hacerlo cada día?...

TM.- Pues mira. Vamos a programarlo para un mes, por ejemplo.

Taa.- Explícate.

TM.- Vamos a imaginar un mes de 4 semanas.

Primero necesitamos la lista de defectos a liberar y cualidades a adquirir.

Esta lista la dividimos en paquetes de tres, como hemos hecho ahora.

Taa.- Y, ¿ahora qué hacemos?...

TM.- Cada semana trabajaremos tres de cada lista (tres defectos y tres cualidades).

Una vez al día.

Cada día durante una semana.

Taa.- De acuerdo.

TM.- La semana siguiente otros tres defectos y tres cualidades.

Taa.- ¿Y si quiero repetir alguno?

TM.- No pasa nada. Lo repites.

Taa.- Creo que lo he entendido.

TM.- Te voy a enseñar otra cosa.

Taa.- ¿Qué otra cosa?.

TM.- Un trabajo con respecto al MIEDO.

Todos los cuerpos-base tienen una emoción llamada MIEDO.

Es un sistema que se creó en el tiempo de los dinosaurios, como mecanismo de supervivencia, pero que ahora les impide avanzar.

Taa.- ¿Es un ejercicio, también?

TM.- Si, es muy sencillo.

El cuerpo-base toma papel y lápiz y dibuja un árbol.

En el tronco pone la palabra MIEDO… En las ramas pone a lo que le teme.

Una rama = un miedo.

En la raíz pone de donde vienen estos miedos.

Taa.- ¿Y si no lo sé?…

TM.- Pues pones "DESCONOCIDO" y por si acaso viene de otras vidas pones "VIDAS PASADAS".

Cuando lo tienes listo, pones el papel a la altura de los ojos.

Lo visualizas bien y luego dejas el papel y cierras los ojos.

Lo ves en tu pantalla mental.

Taa.- ¿Y ahora qué?.

TM.- Ahora en la pantalla mental lo quemas, lo carbonizas.

Taa.- ¿Y ya está?…

TM.- Pues si. Así de sencillo.

Taa.- ¿También sirve con la CULPA?

TM.- También. Solo que en el tronco pones la palabra culpa.

Taa.- ¿Y esto hay que repetirlo muchas veces?

TM.- A veces con una es suficiente, pero si necesitas hacerlo más, pues ya sabes cómo.

Taa.- ¿Y el papel del dibujo?

TM.- Ese lo quemas, por ejemplo.

Taa.- Oye Teje-Ma.

TM.- Dime, Taaron.

Taa.- Me estas enseñando muchas cosas para que mi cuerpo-base avance.

Tu crees que si todos avanzaran... ¿podríamos formar parte de la Confe?

TM.- Pues ¿qué interés tienes tú en la C.I.?

Taa.- Hombre, pues que me gustaría subirme en una de estas naves tan chulas.

TM.- Y, ¿en qué naves te subirías tu?...

Taa.- Pues yo... en la Nave Estrella.... Ya te lo puedes imaginar.

TM.- Y ¿qué harías allí?

Taa.- Pues ser el jefe, seguro que no.

Pero si me dejaran... llevar una navecita.

TM.- jajajajaja

¿Y qué harías con una navecita?....

Taa.- Me iría a explorar el universo.

Es... que ... es tan bonito.

TM.- jajajajaja

Yo creo que tu solo recuerdas imágenes que has visto a través de tu cuerpo-base, o sea de Fabri.

Imágenes del Hubble o algo así.

Taa.- En esas imágenes se ven unos bellos colores. Me emociona mucho.

TM.- Pues imagínate si lo ves con tu cuerpo de elohim.

Sería algo irresistible para ti... jajajajaja....

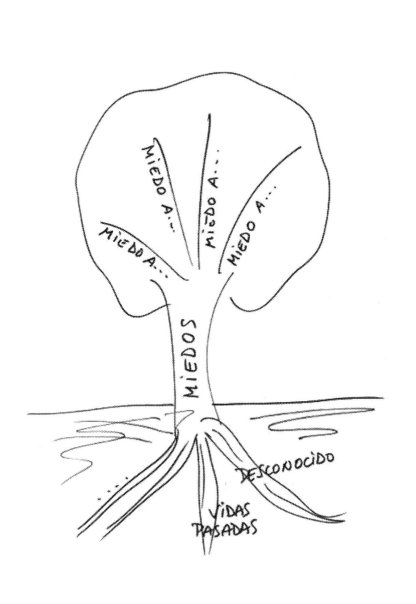

CAPÍTULO 11

"ENTRENAMIENTO"

Irina recorre los pasillos de la nave con rapidez, pues la están esperando en el puente de mando.

I.- Aquí estoy mi comandante.

Com.- ¿Dispuesta a recibir la clase de hoy?

I.- Dispuesta.

Com.- Ponte en el simulador.

Hoy llevarás una nave nodriza-guía. En los laterales, un poco más abajo, hay dos naves nodrizas más.

La que llevas tu es la guía de las otras. Tu lección de hoy consiste en cambiar de rumbo y a la vez intercambiar estas naves de sitio.

O sea, una debe ocupar el sitio de la otra.

Irina se empieza a poner nerviosa, le sudan las manos.

El entrenamiento para comandante de nave nodriza es extremadamente duro.

En el primer intento las dos naves laterales se precipitan una contra otra, chocando y destruyéndose.

Al colisionar, la explosión afecta a la nave-guía, explotando ésta a su vez.

¡Booommm!!!

Todo se destruye.

Irina siente que su cuerpo se disgrega en millones de partículas y se queda sin vehículo.

Siente el dolor de la muerte, pero siente con más fuerza la tristeza de no haberlo hecho bien.

Al cabo de unos instantes las moléculas regresan a su origen y el cuerpo de Irina se recompone.

I.- Lo siento comandante.

Com.- No te preocupes, es normal. Vuelve a intentarlo.

I.- ¿Puedo usar naves auxiliares?

Com.- Si, claro.

Irina pide a dos escuadrones de tres navecitas, que se pongan uno delante de cada nave nodriza.

I.- Por favor, necesito su ayuda para que se intercambien las naves, mientras variamos el rumbo.

Com.- Muy bien. Indíqueles cómo hacerlo.

I.- Escuadrón de mi derecha, descienda a esta cota.

Mientras ustedes descienden, escuadrón de mi izquierda, le pido que se mueva lateralmente.

Y a la nave nodriza, que se mueva hasta alcanzar el espacio de la anterior.

Sigan enlazados magnéticamente con la nave-guía para variar el rumbo mientras procedemos a esta operación.

Así lo hacen, y todo fluye perfectamente.

Com.- Muy bien. Has aprendido la lección de hoy.

Ahora repasaremos las lecciones anteriores.

Durante bastante tiempo Irina, el comandante y el equipo repasan las lecciones sobre como manejar naves nodrizas de distintas clases.

Al terminar la clase y ya cansada, Irina se dirige al comedor, donde se encuentra con sus colegas.

Esta es una nave dedicada a la instrucción de futuros comandantes de naves y de sus ayudantes.

I.- Hola.

DERKA.- Hola. ... ¿Cómo te ha ido la clase de hoy?

I.- Pues empecé explotando.

D.- ¡Uy! ¡Con lo que duele eso!!!

TENS.- Si, muchísimo. Se me pone la carne de gallina de pensar en disgregarme otra vez.

I.- Si, lo de disgregarse es horrible. Pero a mi me duele más el no hacerlo bien.

D.- Si, eso también es molesto.

I.- ¿Qué estáis comiendo?....

D.- Unos han ido de exploración y trajeron "corre corre".

I.- jajajajaja.... ¿Son esos frutos que tienen patitas y que cuando caen del árbol se ponen a correr?

D.- Si, esa es la manera de que las semillas lleguen muy lejos en ese planeta.

I.- Pues debe estar lleno de árboles de "corre corre"... jajajajaja....

D.- Eso parece.

I.- Oye... ¿se sabe algo del planeta Tierra?...

T.- Si, la cosa ya se puso muy mal y han salido varios grupos al rescate.

(Se oyen sus nombres por un altavoz)

I.- Pues parece que nos llaman.

¡VAMOS!!!....

D.- Vamos….

T.- Vamos, ¡que emoción!!!

¡Vamos al rescate!!…

Nuestros amigos van a sus navecitas y pasan de la Nave-Instrucción "YEMENA" a la Nave-Rescate "ALTAIR".

Es un escuadrón de tres navecitas.

Entran en ALTAIR, salen de sus naves y se ponen en formación de pie, delante del comandante, esperando la consigna de lo que deben hacer.

El comandante NAFOR es quien va a dirigir esta operación.

La nave-nodriza de Rescate "ALTAIR" está dirigiéndose al planeta Tierra.

N.- Ustedes cumplirán las tareas que les vayamos asignando.

Tomen posiciones dentro de sus naves-escuadrón.

Irina entra en su navecita e intenta relajarse.

Como ALTAIR es muy veloz, enseguida llegan a la órbita de la Tierra.

Irina recibe la orden de bajar junto con su tri-escuadrón para observar esta zona.

Bajan los tres y desde sus naves ven un panorama desolador. Están en una costa.

El mar está lleno de escombros. De maderas, puede que sean de barcos destruidos.

La playa también. Llena de escombros, de madera oscura como quemada y mucha gente esparcida por el lugar.

Descienden de las naves, con sus trajes protectores. Sienten una gran tristeza.

Todos muertos. Destrozados.

¡Hay una mujer viva!!

La recogen y DERKA la lleva a su nave y de ahí a la nave-nodriza, después de informarles.

Se quedan IRINA y TENS recorriendo el lugar. Gracias a sus trajes no andan, flotan a varios palmos del suelo.

Se trasladan hacia el interior y ven la hierba altísima y una tortuga gigante, más grande que ellos.

I.- Mira, estos son efectos de la radiación. Todo está muerto.

T.- ¡Qué lástima!!!!.... ¡Con lo bonito que debía ser este planeta!!!...

I.- Luego miraremos en los registros que es lo que ha sucedido...

T.- Pues ya te lo puedes imaginar.

I.- ¿Andamos un poco más con la nave hacia el interior?

T.- Informaré a ALTAIR de lo que estamos encontrando.

I.- Muy bien.

Recorren una zona.

I.- Fíjate, todo cenizas.

Y el aire irrespirable. Me da unos niveles tremendos.

T.- Veamos que ha pasado.

I.- Aquí dice que varios volcanes han explotado y han cubierto de cenizas el cielo.

T.- ¡Qué horror!!!...

I.- A lo mejor no queda nadie vivo.

T.- O puede que ya los hayan rescatado.

I.- Bueno, con esta niebla no vemos nada.

¿Subimos?

T.- Si, claro.

¤ ¤

I.- Esta es la información de lo que hemos visto.

Irina le entrega un instrumento al comandante, donde se halla la información.

I.- No hemos encontrado más que a una humana viva.

N.- Está bien.

Ahora están trasladando a los humanos rescatados, repartiéndolos en las distintas naves-nodriza.

Vayan a recibirles.

I.- Pues anda, vamos para allá. (Dirigiéndose a los compañeros).

T.- Si, vamos, ¡qué interesante!

I.- ¿Te dieron "misión de rescate con los humanos" como asignatura?

T.- Si, porque dicen que sus cuerpos son parecidos a los nuestros y así no se asustarán.

I.- A mi también me prepararon. Me dieron unas lecciones de cómo tratarlos.

Parece que son muy asustadizos.

T.- Dicen que son imprevisibles.

I.- Pues menuda tarea nos ha tocado. Jajajajaja...

T.- Oye, ¿Y vienen heridos?

I.- No, porque los heridos van a una nave-hospital.

T.- ¿Y vienen niños?

I.- En el protocolo los niños son rescatados antes que los adultos, y van a una nave donde todo está preparado para recibirlos.

T.- Entonces tenemos, adultos y sanos.

I.- Eso parece.

T.- Ahí llegan.

I.- A ver que dice mi "registro".

¿Cuántos llegan?

Irina mira su muñeca izquierda donde tiene un aparato que lo explica todo siempre. Ellos le llaman el "registro".

DERKA.- Ya estoy aquí…

¿Cómo va la cosa?

I.- Pues, tenemos que acompañar a los humanos a registrarse.

Primero, saber sus nombres y su condición.

I.- Tenemos 25 humanos cada uno.

Hay un "delegado" que los está repartiendo.

Acerquémonos para que nos asigne los nuestros.

Los tres se acercan al "delegado" y les asigna a un grupo de 25 humanos cada uno.

Irina, se dirige a su grupo humano y les pide que la sigan.

Les lleva a la sala de descanso y les pide que se sienten.

Las caras de los humanos se ven horripilantes, tiznadas, demacradas, con una manta por encima que les dieron en la primera nave de rescate.

Unos están tiritando de frío y otros de miedo.

I.- A ver…. cuántos hombres y cuántas mujeres…

17 mujeres y 8 hombres.

Por favor, ¿me podrían dar sus nombres o alguna forma de identificación?

Uno empieza a hablar, pero Irina no entiende nada.

I.- Un momento.

Presiona un pendiente que lleva en la oreja, que sirve para muchas cosas. Una de ellas es traducir.

I.- Ahora sí le entiendo.
El hombre habla sin parar, con acento asiático, de sus miedos, de cómo todo se le ha venido encima en un gran terremoto.

Otro sigue la retahíla explicando en español que el aire se volvió irrespirable, que los volcanes explotaron y se hicieron grandes grietas.

Otro seguía diciendo que el suelo desapareció de sus pies.

A éste se le fueron uniendo voces y voces, y todos se pusieron a hablar a la vez.

Irina sonreía porque les comprendía muy bien, ya que ella fue rescatada hace tiempo de un planeta similar y en unas circunstancias parecidas.

I.- Cálmense, por favor.

Yo les comprendo muy bien.

Miren, aquí viene una "delegada" con unas bandejas de comida y agua.

Humana.- Yo quisiera ir al baño. No he ido desde…. No sé cuando….

I.- La "delegada" la acompañará.

Humanas.- Yo también…

Yo también…

Y yo….

I.- Vayan ustedes con la "delegada".

Las "delegadas" dejan la comida y el agua y acompañan a un grupo de mujeres al baño.

La sala es bastante grande y hay varios grupos como el suyo repartidos por ella.

Humano.- Y ahora, ¿qué nos va a pasar?…

¿Qué va a ser de nosotros?….

I.- Tenemos planes de reubicación. No se preocupen.

Humano.- ¿Y dónde nos van a llevar?….

I.- Yo estoy aquí para auxiliarles y registrarlos. Después tendrán una reunión con el comandante y les contará todo lo que deseen saber.

Hs.- Estamos muy preocupados.

I.- Lo comprendo. Pero no se preocupen porque todo está preparado para ustedes.

Ya hace muchos años que lo hemos previsto y lo hemos ido preparando.

Hs.- Gracias. No sabe cuánto se lo agradecemos.

I.- Bien. Ahora vayan alimentándose y diciéndome sus nombres y el país donde estaban.

CAPÍTULO 12

"UNA MÁQUINA MUY ESPECIAL"

TM.- Oye Taaron, parece que en el planeta se ponen las cosas difíciles para nuestros cuerpos-base.

Taa.- Si, la comida está cada vez peor.

TM.- jajajajaja… ¡Sólo piensas en comer!

Taa.- Es que lo que come mi cuerpo-base tiene una energía, el prana, y va nutriendo mis cuerpos energéticos.
Sin prana, tendríamos que soltarnos del cuerpo-base.

TM.- Claro, el prana circula por los canales energéticos que son como las venas en la parte humana.

Taa.- Pues el prana está cada vez peor.

TM.- ¿Tú sabes por donde se absorbe el prana?…

Taa.- A ver qué me vas a contar ahora.

TM.- Se absorbe a través de la comida, empezando por el paladar, de allí pasa a muchos canales energéticos.

También se absorbe por la piel y a través de la respiración.

Taa.- ¡Caramba!!!.... Entonces... si el oxígeno es irrespirable, la ropa sintética y la comida contaminada ¿qué ocurre?...

TM.- Pues que nuestros cuerpos no tienen energía y se van apagando.

Nos faltan "pilas", batería,.... Jajajajaja

Taa.- ¿Y no la podemos tomar de ningún otro sitio?...

TM.- Si, claro, de cada dimensión se toma la energía para "ESA" dimensión.

Taa.- Entonces... sin energía ¿qué pasa?...

TM.- Pues que hay que... "DESPEGAR" el cuerpo-base físico de los otros.

Taa.- Eso de "despegar" ¿qué quiere decir?

TM.- Puedes soltar esa funda.

Taa.- ¡Ah!!... vale.... De acuerdo...

Pero a mi me da pena soltar al Fabri.

TM.- Oye, recuerda que solo es un organismo biológico.

Que ya confeccionaremos otro.

Taa.- Pues me da mucha pena, la verdad.

TM.- Es que estás muy enganchado.

Tienes que practicar el **"DESAPEGO"**.

Taa.- ¿Y eso qué es?….

TM.- Pues que cuando un organismo ha cumplido su misión tiene que volver al lugar de origen.

Taa.- Por eso se dice… "tierra a la tierra"…. Y todas esas cosas cuando uno "se muere".

TM.- Polvo eres y en polvo te convertirás.

Taa.- Cenizas a las cenizas….

TM.- jajajajaja…. Pues si.

Al fin y al cabo este era un elemento "prestado" para conseguir un fin.

Taa.- ¿Un fin?

TM.- Si, el de vivir una experiencia en el planeta, con un cuerpo biológico, común al planeta donde tienes que estar.

Taa.- ¡Ahhh…!!!. Vale, vale.

Oye… Parece que hay mucho movimiento.

Volcanes activos, Terremotos, Huracanes, Inundaciones, Grandes Catástrofes.

TM.- Y el remate… Las "Llamaradas Solares"….

Taa.- ¿No será momento de marchar?…

TM.- Creo que sí.

Vamos a preparar nuestros cuerpos para este momento.

¤¤¤¤¤¤¤¤¤¤¤¤¤¤¤¤¤¤¤¤¤¤¤¤¤¤¤¤¤¤¤¤¤¤¤

Susi está durmiendo, pero en sueños se ve en una reunión donde les hablan de las catástrofes y qué hacer en estos momentos.

Hay mucha gente.

La charla se basa en no tener miedo y se dan pautas de lo qué hay que hacer en esas circunstancias.

Lo más importante es apartar la emoción y el pensamiento básicos para que los vehículos superiores sean quienes dirijan la situación.

Susi percibe la imagen de una chica. A su lado un cartelito indica su nombre: IRINA.

Y su código de conciencia 729

No entiende muy bien lo que este mensaje quiere decir.

También ve una nave pequeña y a IRINA dentro de ella, indicándole con la mano que suba.

Siente que tiene que hacerle caso y subir a esa nave.

En el sueño ve que IRINA pone la nave en funcionamiento y la lleva a una nave más grande. Una nave nodriza.

IRINA la acompaña a una habitación y le pide que se acueste y descanse.

Susi despierta del sueño, pero sigue en la nave. Sorprendida, no sabe si está despierta o dormida.

IIRINA la viene a buscar y le dice... Sígueme.

Susi.- Gracias.

IRINA.- Te voy a llevar a un lugar que te gustará mucho.

Entran en una sala con una maquinaria sencilla.

S.- ¿Esto qué es?....

I.- Una máquina regeneradora.

S.- ¡Uy!!!.... ¡Qué bien!!!....El sueño de mi vida....

I.- Perfecto.

S.- Y, ¿cómo funciona?

I.- Primero, te vemos en esta pantalla, a cuerpo completo.

Sin ropa ni calzado.

S.- ¡Madre mía!!!.... ¿Yo soy así?.... jajajajaja...

I.- ¿No te gusta?

S.- Bueno, le haría unos cuantos arreglos.

¿Me permites?....

I.- Si, si. Tú misma....

La imagen que se muestra es tridimensional.

Susi la moldea con sus manos como si trabajara el barro.

S.- Un arreglo por aquí.... Otro por allá.... Oye, ¿no tenéis una imagen mía de cuando tenía 24 años?

I.- Espera que busco.... ¿Es ésta?

S.- Si, esta me gusta.

Quiero que mi cuerpo actual regrese a este cuerpo anterior.

Y sobre todo que no tenga problemas de salud, que mi cuerpo esté en armonía, que vea bien, tenga los dientes sanos y TODOS.

I.- Está bien. Hacemos unos arreglos y ya está.

S.- ¿Y ahora cómo funciona?....

I.- Espera que lo conformo, que lo materializo en carne y huesos.

S.- ¡Uy!!... ¡Qué bien!!!.... ¡!!Qué bien!!!

¿Y ahora?...

I.- Bueno, ahora tengo que cambiar tu conciencia de uno al otro, y buscarte un vestuario nuevo.

S.- Adelante, estoy lista.

Irina maneja la conciencia y la recoloca en el cuerpo anterior.

Susi regresa a sus 24 años.

S.- ¡Bravo ¡!!!...... ¡Bravo!!!!....

Salta y salta alrededor.

I.- Me alegro de que estés contenta.

S.- ¿Y ahora qué sigue?.... ¡Esto me está gustando...!

I.- Hay que vestirse... no puedes andar desnuda por la nave.

S.- La nave. Es verdad, estoy en una nave. ¿Cómo se llama?

I.- ALTAIR.

S.- Es el nombre de una estrella ¿no?

I.- Si, por que la nave procede de esa zona.

S.- Bueno, déjame la ropa de mi cuerpo anterior mientras tanto.

Oye, ¿esto es un sueño, verdad?

Estoy soñando que estoy en una nave... ¿no?...

I.- Pues no. Esto es REAL.

S.- No entiendo. Me fui a dormir.

I.- Si, te fuiste a dormir y te has despertado aquí.

S.- Sigo sin entender.

I.- A los que habéis venido en una misión se os trae un tiempo aquí para prepararos.

Tu Ser ya ha vivido varios rescates y te necesitamos íntegra para esta situación.

S.- ¿Entonces esto es real?

Mientras, van andando por la nave.

Susi, sujetándose la ropa que ahora le sobresale por todas partes.

Llegan a un lugar y una "delegada" les atiende.

I.- Necesitamos un traje para estar en la nave.

Delegada.- Adelante. Ahora mismo lo busco.

Le da una ropa consistente en pantalón y camisa. También ropa interior, calcetines y botas.

S.- Esto es muy finito, muy delgadito.

I.- Es una ropa especial.

Abriga, da alimento y recarga de energía los vehículos.

S.- ¡Qué elegante! Y que útil, ¿no?

I.- ¿Te gusta?

S.- Si. ¿Y este símbolo en las botas?

I.- Representa la misión que vas a hacer. Tú tienes un esquema humano por que vas a rescatar humanos.

S.- ¿Y tú qué llevas?…

I.- Llevo el símbolo de las naves, porque conduzco naves.

S.- ¡Qué interesante!!!…

I.- Acompáñame al salón…

Se dirigen a una gran sala llena de gente.

La miran con cara extraña.

Claro, su aspecto físico ha cambiado, ahora está guapísima.

TITANIA.- ¿Qué te has hecho? ¿Eres tú?

S.- Si, soy yo, pero un poco más joven.

T.- ¿Sólo un poco?

Mírate. Debes tener unos 20 años.

PABLO.- ¿Dónde está la máquina esa?

TIT.- ¿Hay que apuntarse en algún lugar?

I.- No os preocupéis, que todos vais a pasar por el "reajustador físico".

TIT.- ¡Y yo quiero unas botas así de chulas!

ISABEL.- Anda, ¡y yo!

CHON.- Pues a mi también me gustan.

CLARA Y.- ¿Las hay en otros colores?

ALBA.- Y el pelo ¿se puede alargar también?…

TODOS A CORO… jajajajaja

Y una voz masculina.

JAVI.- Y otras cosas ¿también se pueden alargar?

CAPÍTULO 13

"ASIGNANDO TAREAS"

¡Ya estamos de vuelta!!!!

Susi.- A ver… ¡si no os reconozco!!!!…. ¡Que guapos todos!!!!…

TITANIA.- ¿Te gustan mis botas?…

Susi.- Anda… pero si tienes un dibujo de un perrito. ¿Y eso por qué?

Y tu JAVI tienes una jirafa, la LORE un águila, FABRI una cabra montesa…. Casi todos tenéis animales en la insignia de las botas.

PABLO.- Yo no…

Susi.- Tu tienes una persona. Como yo…

Irina, por favor, ¿nos quieres comentar esto de las insignias?

IRINA.- Sentaros, poneros cómodos que os tengo que hablar en un minuto, estamos esperando a unas personas que también están en vuestro grupo.

Susi.- ¡Ah! ¿Si? ¿Y quienes son?

Al cabo de un momento entran unas personas con un turbante en la cabeza, unos lo llevan azul y otros blanco.

Susi… ¡Anda!… ¡Pero si los conozco!!!… ¡Hola…!!! Sarabjit, Devta, Kartar.

KARTAR.- Hola… como estáis… ¿os vais recuperando del susto?.. jajajajaja….

Todos se saludan.

Hay gente conocida y otra no. Y hablan en distintos idiomas.

Al momento entra otro grupo.

Susi.- ¡Anda!…. Pero si es Miyo ¡y todos los concheros!

La sala se va llenando de gente.

Es divertido ver el distinto vestuario y los distintos idiomas que habla la gente.

Susi.- Cada vez somos más.

IRINA.- No te preocupes…ahora dividiremos al personal en grupos de trabajo.
Por favor… ¡atendedme!

Unos "delegados", es decir, gente de la nave ALTAIR, va a registraros.
Tomará nota de vuestros nombres y del país de done venís.

Agruparemos a los líderes y os asignaremos una misión a vuestro alcance.

Tenéis que saber que esta nave nodriza está agrupando líderes.

Os necesitamos para que los demás humanos tengan confianza.

Susi.- ¿Y qué tipo de líderes esta agrupando?

IRINA.- Líderes de todo tipo: políticos, religiosos, espirituales, culturales, científicos, técnicos.

Investigadores, Médicos, Profesores,

Susi.- ¿Nos puedes explicar como se ha distribuido la gente?

IRINA.- Hay muchas naves-nodriza rescate.

Hay una cuestión importante, y es que debido a como es de asustadiza la gente, hay que tratarla de forma muy delicada.

Solo siguen a los líderes que les dan confianza, por lo tanto muchas entidades de Luz, han nacido en forma humana y son líderes para poder propiciar ese rescate.

Las personas que siguen a un líder como por ejemplo Miyo.

Estas personas le conocen y confían en el. Saben que su camino es recto y verdadero y harán lo que les diga en un momento de caos.

Por lo tanto, era importante que primero estuvierais vosotros en las naves, conociendo el Plan. Porque si no, en los momentos cumbre, no sabríais que tenéis que hacer o a donde ir.

Susi.- No me ha quedado muy claro, ¿me lo puedes repetir?

IRINA.- Si, claro.

Mira, vosotros, los seres que venís en misión de ayuda a la humanidad, habéis encarnado durante muchas vidas para conoceros entre si, para evolucionar personalmente, y sobre todo para este momento "cumbre", cuando en la Tierra es imposible vivir y hay que irse de aquí.

En la etapa anterior, vosotros habéis ido conociendo gente y agrupándola con el objetivo de prepararla para estos momentos.

Después habéis pasado un tiempo recibiendo instrucción de cómo hay que dirigirse a los humanos en el momento de crisis y a que lugares debíais marchar para poderos recoger en el momento adecuado.

Ya os hemos recogido, ya esta la gente en las naves y ahora tenemos que ver unas cuantas cosas.

Vamos a dividiros en equipos.

Unos van a ir con los humanos rescatados, a los planetas asignados para la supervivencia.

Seréis los enlaces entre la Confederación y la humanidad.

Otros seguiréis en esta nave y vamos a ver si ha quedado gente o animales por rescatar.

Este grupo de aquí (nos señala a nosotros), sois los que vais a hacer esta tarea... Este otro grupo, señala a los que llegaron mas tarde vais a ir a los planetas a ser los enlaces.

Susi.- ¿Es por eso que nosotros llevamos uniforme?.... porque... Ellos van con la ropa de la Tierra.

IRINA.- Es que ellos no pueden pasar por la máquina... sino no les reconocerían los demás humanos.
Solo vosotros lo podéis hacer – de momento-.
Ellos podrán hacerlo cuando terminen su misión.

Susi.- ¡Ahhh!!!...

IRINA.- Como vamos a hablar a cada equipo de sus tareas, podéis despediros.

Susi.- ¡Adiós!!!!.... ¡No sabes cuanto me ha gustado veros! y, sobre todo saber que estáis bien.

JAVI.- ¿Y ahora que toca?.... ¿No nos vais a enseñar un poco la nave?

IRINA.- Claro, los delegados lo harán después. Ahora hablaremos de vuestra misión. Seguidme.

Irina nos lleva a una sala donde hay una gran pantalla.

Nos sentamos.... Somos muchos.... Estamos muy contentos, felices de haber sobrevivido, pero más contentos aun de pisar una nave nodriza, ya teníamos muchas ganas de estar en ella.

Siempre mirábamos al cielo con añoranza y por fin llego el día.

¡Ya era hora!!!!.... jajajajaja....

La pantalla se enciende y empiezan a mostrarse las imágenes.

◊◊

CAPÍTULO 14

"¿Y AHORA QUÉ SIGUE?"

TM.- Oye Taaron….

Taa.- Dime Teje-Ma….

TM.- Ya estamos otra vez, no se por que siempre me dejan con la miel en la boca.

Taa.- Por qué… ¿qué pasa?

TM.- Pues que quiero saber que es lo que van a poner en esa pantalla.

Pero, parece que lo van a decir en otro libro…. Así que ya me veo con lápiz y papel y dictándole, a mi niña Susi, su cuarto libro…

Así que. Nos vemos en el siguiente libro, a ver si acabamos alguna historia…. Jajajajaja

Un abrazo.

Teje-Ma
Ávila, 23-01-2012

ANEXO

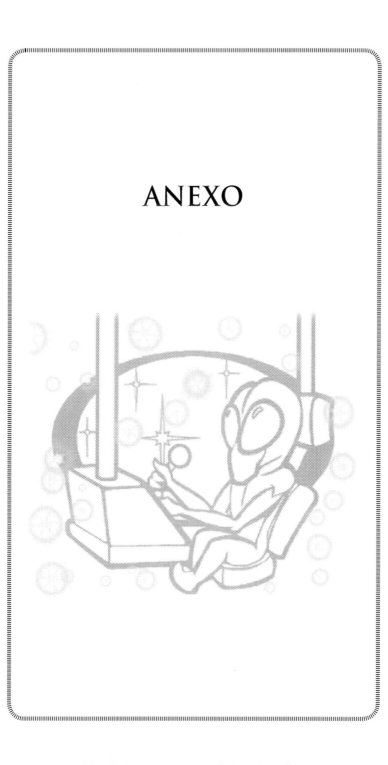

PROTAGONISTAS
DE ESTA HISTORIA.

Nombres:

Humano.............. elohim ....siriano...............solar

SUSI ....TEJE-MA............. Danae................ Ardaimba

FABRI ....TAARON .... Vondeas............. Donai

TITANIA................OJOTSE............... Dekan-Seina...... Lubbe

MIREIA ....LAKUNA............. Ainde................. Satna

MARIA ....LITSÁ ....Apde .... Likse

JOSEP...................OPE-NA .... Leksaine............. Sekoná

JAVI ....LATUR .... Orená................. Lipur

LORENA................SINAE .... Dobre .... Denatz

REYES ....KONESA.............. Et¡na .... Sina

VAREN ....AJU-NA.............. Varen .... Lobse

ANTEA	LIT-TERA	Nokés	Den-sa
ANTONIA	ABOT-TE	Sonea	Lekan
EMILIA	ALEB.BA	Sidai	Yubse
PABLO	LUKENA	Deamska	Afur
ISABEL	EPSA-EN	Dorpe-ké	Txik-Na
MARI C.	LOTSEA	Lokane	Dobena
JAIME SEG.	LOPKA	Lipka	Tub-fé
CHEMA	ANUKA	Soneá	Anunka
PINGO	CHINAI	Dormea	Delka
NIAM	ATURS	Sonea-Kets	Korena
RAFA	TRIXI	Sinats	Sakse
ALBA	POCSE	Sunai	Doriane
CHON	MIDEI	Atsib	Ordina
ARALANDA..	KONTA	Ducse	Subenai
CLARA YANETH	SICAIN	Vojan	Sinenda
CLAUDIA RD	DORBEI	Lubian	Sondes
PASCUAL	DOBAKSA	Linai	Sinte
FERNANDO PA	DOBBE	Vurdan	Sikais

ROBERTO S ....SOLIN ....Colets .... Nobas

MERCE ....DOCSA................Yunat .... Sinen

SILVINA (Arg) ....CORNE ....Sicane............... Consi

SILVIA-Madrid ......DANTINE ....Orbea................. Sundir

JAVI CP.................ERINÁ ....Dobi................... Erka

LA PEPI ....SOBTE................Dirás.................. Elune

MIYO....................JOLIAN ....Derits................. Subanne

SARABJIT..............ELINNA ....Acun .... Dorana

KARTAR ....SICATS ....Elibá .... Dorje

DEVTA ....SOBDE................Elian .... Dusa

LA SILVIA..............ACONCHE..........Acust.................. Dirvanna

ALBERT.................SINAXE ....Opern .... Sibate

LA MONTSE ....DORBAI ....Atsia................... Annubé

LA MARIBEL..........DIDDA................Orbetta.............. Acusía

ERBANDE..............LUTSA.................Aden .... Jualets

M. JOSE.................ALINTA ....Epsat.................. Aldé

MARIA TISCAR......EDCANA.............Elitsa.................. Arfunk

DIEGO ....ALBAT ....Senai................... Alubba

DANIEL.................APSE ....Etina ....Akar

ANDRES.................INTA....................Lonna ....Atir

YAVA......................ANON ....Copta.................Apsu

RAQUEL.................ELIAN ....Alin ....Enia

AMARA ....JANNA ....Adona................Atsi

JUDIT.....................ATI.......................Erna....................Aquel

AXAIL-LA..............ALANA ....Adits ....Loksa

CONXI VILA...........ADOCS...............Serqui.................Sonar

NOTAS DEL AUTOR

Hasta ahora las palabras van fluyendo de una forma muy fácil, y a través de los mensajes descubro día a día algo nuevo y distinto.

¡Me encanta escribir estos libros!!

¡Soy muy feliz construyéndolos!

.-.-.-

Os ofrezco una colección de libros:

"MIS CUADERNOS DE PRÁCTICAS"

A través de estos distintos cuadernos, podemos tener una visión de otras dimensiones, otras entidades y otros mundos.

La colección:

1.- "EL PLAN MAESTRO"
2.- "RENOVACIÓN"
3.- "DESCUBRIENDO EL FUTURO"
4.- "DESPERTANDO CONCIENCIAS"
5.- "SÍNTESIS".

Te invito a conocerlos.